El matrimonio que agrada a Dios

El matrimonio que agrada a Dios

*Cómo vivir el evangelio hasta
que la muerte nos separe*

Joselo Mercado

ESPAÑOL
NASHVILLE, TENNESSEE

El matrimonio que agrada a Dios: Vivir el evangelio hasta que la muerte
nos separe

B&H Publishing Group
Nashville, TN 37234

Clasificación Decimal Dewey: 242.2
Clasifíquese: Literatura devocional / Amor / Matrimonio

Editado por Grupo Scribere

ISBN: 978-1-5359-4509-7

Impreso en EE. UU.
1 2 3 4 5 * 22 21 20 19

Para Kathy.
Tú eres.

Índice

Agradecimientos

El poder completar un proyecto como este no se puede hacer solo. Uno descansa sobre los hombros de muchas personas. Algunas de ellas pusieron su marca en forma directa en el libro. Otras de forma indirecta al enriquecer mi vida con experiencias compartidas juntos durante el pasar de los años. Sé que dejaré a personas sin mencionar, pero si de alguna forma tú has sido un medio de gracia a mi vida, gracias, tu marca está en el libro.

Kathy, gracias por ser mi más grande ejemplo de cómo aplicar el evangelio en nuestra vida para la gloria de Dios. Aunque la portada de este libro lleva mi nombre y las palabras impresas son de mi autoría, en verdad es un libro escrito por dos personas. Kathy, sin ti este libro no sería posible. Tu ejemplo de piedad, entrega y amor por nuestra familia me anima cada día a amar más a Cristo porque veo a Cristo reflejado en ti. Muchas veces pienso que vivo en un sueño, porque el tenerte me llena de gozo. Será evidente para el lector ver la gracia que Dios te ha dado al leer este libro, pero solo experimentarán una pizca de lo que yo tengo el gozo de apreciar diariamente. Te dedico este libro porque tú eres la persona que me predicas el evangelio constantemente. Que juntos vivamos este glorioso mensaje hasta que la muerte nos separe. Te amo.

Joey y Janelle, sus vidas son un regalo para nosotros y nos motivan a mirar a la cruz diariamente para poder apuntarles a Cristo.

A mis padres: gracias por sembrar la semilla del evangelio en mi vida.

Josué, tu labor en la iglesia local me permite servir al cuerpo de Cristo. Dios ve tu trabajo y es un gozo colaborar junto a ti.

Iglesia Gracia Soberana de Gaithersburg, es un gozo servirles como pastor y siento constantemente su amor por mí.

Pastores de las iglesias Gracia Soberana, gracias por modelar estos principios a nosotros durante años. En especial a Bob, Devon, Larry, John y Mark.

Torres, Rodríguez y Marrero, son años de amistad. Gracias por amarme a pesar de mis pecados.

A B&H, por su ejemplo de compromiso por la verdad y excelencia en su trabajo. En especial agradezco a Pepe, César y Giancarlo.

A Concilio de Coalición, por su pasión por ver el evangelio en Latinoamérica que me anima a seguir adelante.

A los autores que he leído sobre este tema, que han aportado al crecimiento en mi propio matrimonio. A muchos de ustedes no los conozco, pero me han bendecido ricamente.

Por último, pero aún más importante, a nuestro Salvador. Todavía me asombro al pensar que Dios escogió a un pecador como yo para ser su hijo. Te amo, Jesús.

Acerca de la obra

Existen muchos libros que tratan temas relacionados con el matrimonio cuyo enfoque es básicamente pragmático; están llenos de consejos prácticos para el día a día, pero carecen de fundamento y profundidad bíblica. También hay otros que son muy profundos, pero son difíciles de saber cómo los vamos a llevar a la práctica. *El matrimonio que agrada a Dios* tiene como propósito presentar un equilibrio entre ambos aspectos. Es un libro con profundidad bíblica que busca impulsar al matrimonio a poder entender lo que la Biblia dice con respecto a su unión, y también aplicar en su vida los principios derivados del evangelio para el crecimiento y la fructificación de ambos cónyuges. El libro está escrito en un lenguaje accesible y está diseñado para que la Palabra de Dios alumbre áreas específicas de la vida matrimonial. Al final de cada capítulo incluye varias preguntas de aplicación para ayudar al lector a recapitular lo leído, poder meditar en las verdades aprendidas y descubrir formas de cómo estas verdades pueden ser aplicadas de forma inmediata en sus vidas.

Este libro es una herramienta para matrimonios en cualquier temporada de la vida. Pueden estar en el proceso de solucionar serias dificultades o experimentando un tiempo de fructificación matrimonial; pero, sin importar la etapa en la que se encuentren, toda pareja se puede beneficiar al interactuar con este material y refrescar su memoria con los fundamentos de la Palabra o aplicar verdades del evangelio a la vida matrimonial.

El libro tiene un formato que ayuda a las parejas a estudiar juntos en un período de un mes. Consta de cuatro secciones de siete días cada una, con capítulos breves que ayudarán a la pareja a asumir el reto de meditar en su matrimonio al leer este libro en un mes. No obstante, también puede ser leído de forma individual a un paso más lento. Ya sea que se lea en un mes o con más pausa, el propósito del libro es que la pareja pueda ver el diseño de Dios para el matrimonio al reflejar la relación de Cristo y la Iglesia. Su lectura beneficiará a toda pareja que busca glorificar a Dios en su matrimonio.

Por último, el libro puede ser de beneficio como material de conversación en grupos de parejas o ministerios matrimoniales. El hecho de que esté dividido en cuatro secciones principales ayuda a fomentar el diálogo y la interacción en grupos, células o retiros de matrimonios.

Introducción

El matrimonio es una gran bendición, pero estar casado no es fácil. Es muy probable que hayas llegado a este libro porque estás buscando ayuda, quizás estás desanimado o ya llegaste al punto de la desesperación por el estado de tu matrimonio. Más allá de la condición de nuestro matrimonio, lo que te quiero decir es que no estamos solos. En un mundo donde vemos a la gente aparentando vidas perfectas en las redes sociales, la realidad es que una gran mayoría experimenta retos en sus relaciones de matrimonio. Vivimos en un mundo que ha sido afectado por el pecado luego de la caída y por eso experimentamos dificultades al relacionarnos. Estas dificultades no son solo producto de la imperfección de mi cónyuge, sino también de mi propia imperfección, de mi deseo de solo querer satisfacer mis propios deseos y de no vivir mi matrimonio desde la perspectiva del diseño divino establecido en la Palabra de Dios.

Afirmar que el pecado afecta nuestros matrimonios no debe llevarnos a pensar que tratar de crecer en nuestras relaciones matrimoniales es una lucha fútil. No seamos fatalistas al pensar que no hay esperanza, pero si ya la has perdido, quiero decirte que en el poder del evangelio sí hay esperanza. Jesús murió en la cruz no solamente para vencer las consecuencias del pecado y librarnos del infierno, sino para derrotar el poder del pecado y así poder tener verdadera esperanza de que nuestros matrimonios todavía pueden agradar a Dios y estar contentos el uno con el otro.

No buscamos desanimar a las parejas en dificultades al comunicarles la gracia que Kathy y yo experimentamos en nuestro matrimonio. Por el contrario, nuestro deseo es animarlas a que descubran cómo lo hicimos nosotros, que por medio de la gracia de Dios sí es posible experimentar gozo en medio del pacto del matrimonio. La razón por la que podemos hablar de esta esperanza es que durante un tiempo nuestro matrimonio experimentó dificultades y, en realidad, no podemos decir que ya las dejamos de experimentar. Yo era un esposo que me enseñoreaba sobre Kathy. En muchas ocasiones la hacía sentir que era inferior a mí al mostrarle sus errores sin amor y con mucho juicio. Su resentimiento crecía hacia mí por mi falta de amor y por eso ella sentía que se tenía que defender de mis comentarios. Aunque nunca hemos sido personas que levantan la voz o insultan, nuestra actitud nos hacía cada vez más distantes uno del otro.

La razón fundamental por la que escribo este libro es porque deseo compartir con otros sobre la gracia de Dios que cambió nuestro matrimonio: de uno que estaba destinado a vivir distanciados y fríos, a uno que está lleno de gozo y esperanza y que puede continuar en medio de las dificultades. Cuando nos casamos, el 21 de agosto de 1999, éramos una pareja joven que amaba a Jesús. Intercambiamos nuestros votos llenos de esperanza y amor, pensando que cada uno iba a hacer feliz al otro. Sin embargo, nos dimos cuenta al poco tiempo de que no teníamos las herramientas necesarias para poder navegar en el complicado proyecto que es el matrimonio. Sabíamos bien que teníamos que comunicarnos, tratarnos con respeto, ser pacientes y trabajar en equipo. Pero lo que no entendíamos es que ambos éramos pecadores que necesitábamos del evangelio de Jesucristo cada día de nuestra vida juntos.

Nuestra unión no fue mejorada porque optimizamos nuestras técnicas de comunicación o las tácticas de negociación para llegar a buenos acuerdos que nos satisfagan a ambos. Lo que transformó nuestro matrimonio fue entender que, aunque ya éramos salvos por la sangre de Jesús, necesitábamos recordar a cada momento Su sacrificio por nosotros, aplicándolo en cada aspecto de nuestra relación. No sabíamos que la muerte y la resurrección de Jesús no solo nos brindaba salvación, sino también el poder para transformarnos en el día a día. Por eso quisiera invitarte a que inviertas cuatro semanas de tu vida a mirar la gracia que podemos encontrar en el evangelio para el matrimonio.

Es mi deseo que este libro sea práctico y de fácil lectura. Tocaremos muchos temas del matrimonio que forman parte del diario vivir. El común denominador de cada capítulo será ver cómo la obra redentora de Jesús orienta todas nuestras acciones. Debido a que Jesús perdonó nuestros pecados, nosotros también podemos perdonar las faltas de nuestra pareja. Debido a que Jesús dejó Su trono de gloria, nosotros también podemos dejar nuestra vanagloria y ser humildes. Debido a que Jesús vino a servirnos, nosotros podemos servir al otro. La obra de Jesús, Su encarnación, Su vida perfecta sin pecado, Su muerte sustitutoria, Su resurrección y Su ascensión no son solo eventos teológicos, sino que tienen el poder para transformar el día a día de nuestra vida y, por consiguiente, de nuestros matrimonios. Quisiera que este libro les dé la esperanza de que, aun siendo pecadores, podemos ser transformados para que toda nuestra vida sea para la gloria de Dios.

Este libro es para el creyente que se siente sin esperanza en su matrimonio. Como pastor tengo que atender a cristianos con situaciones matrimoniales complicadas. Sin embargo, más allá de las dificultades o del daño que dos personas se hayan hecho, siempre tengo esperanza porque Cristo murió para que esos cónyuges heridos sean restaurados y sus matrimonios puedan reflejar la unión de Cristo con la Iglesia. Quizás has entendido que Jesús murió para salvarte, pero no has podido ver todavía la relación que tiene Su obra redentora en el día a día de tu vida y de tu matrimonio. Este libro te ayudará a hacer esas conexiones.

Este libro también es para el creyente que está experimentando una temporada agradable en su matrimonio. Creo fielmente que durante esas temporadas debemos llenarnos de las verdades del evangelio para que aun en los buenos momentos recordemos la esperanza de la Palabra de Dios.

Si vienes a este libro sin saber exactamente quién es Jesús, te animo a que lo leas para que puedas descubrir cómo el poder del evangelio no solo salva, sino que transforma. Todo comienza al reconocer que somos pecadores, que hemos violado la ley de Dios y que estamos separados de Él. La verdad es que no podremos solucionar nuestros problemas matrimoniales si es que antes no nos ponemos a cuentas con Dios. Para Kathy y para mí, todo comenzó a cambiar cuando nos dimos cuenta de que ambos estábamos pecando contra el otro. Te invito a que puedas descubrir que el evangelio no es solo palabras vacías de corte religioso, sino que encierra en su mensaje el mismo poder de Dios para cambiar vidas para Su gloria. Mi oración es que este libro abra tus ojos para ver la realidad de tu pecado, pero también para que puedas ver la gracia que hay en Jesús, y que esa gracia que tú disfrutas, la puedas extender a tu cónyuge.

Cada vez más personas piensan que el matrimonio es un tipo de suicidio. Entienden el matrimonio como la pérdida de la libertad y toda oportunidad de divertirnos. Es verdad que el matrimonio sin el evangelio se convertirá en algo destructivo. No obstante, por la gracia de Jesús dos pecadores pueden morir a sus deseos para servirse uno al otro mientras ambos glorifican a Dios. Kathy y yo hemos experimentado esa obra redentora, y deseamos que por la gracia de Dios muchos puedan experimentarla también. La esperanza que tengo para el futuro de mi matrimonio radica en saber que cuando llegue el conflicto, podremos caminarlo de una forma que agrada a Dios al aplicar el evangelio a nuestra vida.

Muchos matrimonios tienen expectativas que no son realistas. Por ejemplo, piensan que nunca deben tener conflictos o que siempre deben estar de acuerdo. Ellos no son conscientes de que el evangelio declara que somos pecadores y por eso somos propensos a la dificultad y el desacuerdo. Lo que hace que un matrimonio prospere es cuando, por el poder del evangelio, podemos ver las debilidades del otro y las soportamos con paciencia. No crecemos porque hay ausencia de desacuerdos o conflictos, sino que, cuando pecamos estamos dispuestos a pedirnos perdón. Lo extraordinario es entender que nuestra esperanza no está en que nos hagan felices, sino que Cristo es el único que satisface.

Kathy y yo luchamos juntos diariamente para que el evangelio de la gracia ilumine nuestros corazones para poder tratarnos de acuerdo al diseño de Dios. El matrimonio tiene suficientes retos y por eso necesitamos de Cristo cada día. No deseo comunicar que nuestras obras son nuestra esperanza para un mejor matrimonio. Eso sería legalismo y algo contrario a la verdad de las Escrituras. Lo que deseo comunicar es que aquellos que hemos sido salvados por la gracia de Dios, ahora somos libres para trabajar con todas nuestras fuerzas en la tarea de aplicar ese glorioso evangelio a nuestra vida. Jesús ya hizo lo más difícil: nos salvó por medio de Su sangre derramada en la cruz del Calvario.

Ahora podemos permitir que el poder de ese glorioso evangelio someta nuestros afectos para amarlo a Él y a través de ese amor poder amar a nuestros cónyuges. Tenemos la esperanza de que podemos disfrutar la compañía de nuestra pareja. Para que esto suceda, tienes que morir a ti mismo para que Cristo viva en ti. Cuando, por la gracia de Dios, ambos hagan esto, entonces el matrimonio será un verdadero deleite.

—Joselo Mercado
Maryland, enero de 2019

Semana 1

Un fundamento necesario

DÍA 1
La gloria de Dios nos motiva

Siempre hay algo que nos motiva en la vida. Hacemos las cosas porque hay una fuerte motivación en nuestros corazones que nos impulsa a actuar de cierta manera y lograr cierto objetivo. Por ejemplo, vamos a la universidad porque nos gusta la carrera y también porque queremos buenos trabajos. Hacemos ejercicios porque queremos sentirnos bien y también porque deseamos lucir bien. Nos levantamos cada mañana para ir a trabajar porque nos gusta lo que hacemos y también porque necesitamos cubrir nuestras necesidades.

La cosmovisión del mundo sostiene que, al final, es en la motivación donde radica su propia realización y felicidad. Hacemos las cosas que hacemos porque tenemos derecho a ser felices, porque nuestros sueños deben ser cumplidos. Todo nuestro actuar está permeado por esa visión global secular. Muchas novias caminan al altar el día de su boda guiadas por esa cosmovisión. Muchos novios esperan nerviosos a sus novias en el altar, poniendo todas sus esperanzas en que esa mujer ha llegado para hacerlos felices.

Los matrimonios que comienzan con esta visión de buscar su felicidad propia están, desde mi perspectiva, destinados al fracaso. Destinados al fracaso si definimos que el éxito en el matrimonio es que Dios sea glorificado. Quizás no todos terminan en divorcio, pero con esa visión egoísta, un matrimonio no puede cumplir la misión para la cual fue diseñado. Mientras el propósito del matrimonio sea la satisfacción personal de cada individuo, el mismo puede parecer perfecto en las redes sociales, pero no está cumpliendo la función primordial del diseño de Dios, que es glorificarlo a Él. Para que un matrimonio pueda hacer esto, ambos miembros deben desear glorificar a Dios individualmente y esto requiere morir a sus deseos personales para juntos vivir para un propósito eterno.

Descubramos un principio general que servirá para el matrimonio y para cualquier área de nuestra vida. El Catecismo de Westminster señala: «El propósito principal de un ser humano es dar gloria a Dios y disfrutarlo por siempre». El apóstol Pablo enseñó con absoluta claridad que debemos hacerlo todo para la gloria de Dios (1 Cor. 10:31). Dar gloria a Dios es el tema central de la Biblia. Una y otra vez se nos recuerda que Dios merece toda gloria y que fuimos creados para darle gloria al que merece toda la gloria. La gloria de Dios es un concepto que permea toda la Biblia. Los reformadores entendieron que todo es para la gloria de Dios. Su gloria es el reflejo de todo lo que Dios es en sí mismo. Su infinita perfección y Su santidad hacen que Dios sea glorioso. Nosotros los creyentes, cuando somos salvados por el sacrificio substitutorio de Jesús, somos transformados, la imagen de Dios comienza a ser restaurada en nosotros y comenzamos a reflejar la gloria de Dios por Su gracia.

Este propósito es visible desde el Edén. Dios nos crea a Su imagen y semejanza para ser Su reflejo en este mundo y nos encomienda la tarea de sojuzgar Su creación para Su gloria. El Señor le recuerda a Israel, vez tras vez, que Él no comparte Su gloria con nada ni nadie (Isa. 42:8). El apóstol Pablo nos dice que la motivación detrás de la elección incondicional divina es la gloria de Dios (Rom. 9:23). Existe mucha evidencia bíblica que confirma que hemos sido creados para dar gloria a Dios. Ese es nuestro propósito, para eso Dios nos creó y, aún es más importante para el creyente porque para eso Dios lo salvó.

En oposición a la visión del mundo, la cosmovisión cristiana está basada en que fuimos creados para la gloria de Dios. Me pregunto entonces, ¿por qué los matrimonios cristianos lo olvidan o no lo toman en cuenta? Podría decir que los problemas matrimoniales con mi esposa Kathy o de los que escucho durante la consejería matrimonial se resumen en que uno de los cónyuges, o ambos en el matrimonio, no están dando gloria a Dios.

Si nos detuviéramos a analizar el motivo del conflicto en un matrimonio que se manifiesta en que ella está deprimida o él es agresivo, en que la esposa es sarcástica o el esposo no muestra interés, es muy posible que descubramos que la razón por la que están así es porque piensan que merecen ser felices y la persona con la que se casaron ya no cumple o nunca ha cumplido ese propósito. Cuando no vivo para la gloria de Dios, sino que vivo para mi propia gloria, si mi pareja no vive para mi gloria, entonces voy a entrar en guerra con ella.

Uno de los pasajes más poderosos que nos muestra qué sucede cuando un matrimonio está en conflicto es el siguiente: «¿De dónde *vienen* las guerras y los conflictos entre vosotros? ¿No vienen de vuestras pasiones que combaten en vuestros miembros? Codiciáis y no tenéis, *por eso* cometéis homicidio. Sois envidiosos y no podéis obtener, *por eso* combatís y hacéis guerra. No tenéis, porque no pedís. Pedís y no recibís, porque pedís con malos propósitos, para gastarlo en vuestros placeres» (Sant. 4:1-3). Estamos dispuestos a entrar en guerra porque no obtenemos lo que deseamos, porque finalmente estamos viviendo para nuestra propia gloria y no para la gloria de Dios. Vivimos para satisfacer nuestros deseos y placeres. Cuando nuestros placeres no se complacen, estamos dispuestos a todo por obtenerlos. Estamos dispuestos a subir nuestro tono de voz, dispuestos a manipular, dispuestos a menospreciar y hasta dispuestos a abandonar.

La realidad del matrimonio que la Biblia presenta es la de morir al yo para la gloria de Dios y el bienestar del otro. El Señor nos dice: «Por tanto el hombre dejará a su padre y a su madre y se unirá a su mujer, y serán una sola carne» (Gén. 2:24).

El matrimonio implica unidad y morir al individualismo para vivir junto a otra persona. Mi vida ya no se trata solo de mí porque ya no estoy solo, sino que estoy unido a otro. El matrimonio debe ser la unión de dos vidas para reflejar el glorioso evangelio (1 Tim. 1:11) que a su vez refleja la gloria de Dios. El glorioso evangelio es donde Dios más claramente refleja Su gloria, ya que un Dios soberano y santo da Su vida por pecadores que no lo merecen, por medio de la vida, la muerte y la resurrección de Jesús. El matrimonio refleja esta gloriosa realidad al dar nuestra vida por el bien del otro. El Señor nos presenta en Efesios 5:22-33 una hermosa imagen de la unidad que se manifiesta en la relación de Cristo y la Iglesia y que debe ser reflejada por el esposo y la esposa. Es importante recordar siempre que no nos hemos casado para ser felices. Nos casamos para darle gloria a Dios y para que, por medio de nuestro matrimonio, otros puedan ver el reflejo de la gloria de Dios, ya que estamos imitando la hermosa relación entre Cristo y Su Iglesia.

Cuando reconocemos esta verdad fundamental acerca del matrimonio, afirmando que no está diseñado única o primeramente para satisfacernos, esta verdad se convierte en un factor que controla nuestra vida. Los matrimonios que lo practican empezarán a ver cambios significativos en sus relaciones. Cuando el paradigma que controla el matrimonio es la felicidad individual, los cambios que la pareja experimenta para mejorarlo no son permanentes porque vienen de motivaciones egoístas que darán frutos mientras nuestras expectativas son cumplidas. Solo cuando cambiamos motivados en glorificar a Dios veremos transformación que perdurará, porque no depende de que nuestra pareja esté comportándose de una forma que nos satisface.

Por ejemplo, imagínate que formabas parte de una pareja que era muy crítica. Siempre estabas criticando a tu cónyuge, y esto los llevaba a tener múltiples conflictos. Entonces decides dejar de criticar a tu pareja para evitar conflictos y, de cierta forma, esto resulta en que ahora ya no tienen tantos conflictos. El problema con esto reside en que la razón del cambio no es un genuino arrepentimiento basado en la gloria de Dios. Lo único que quieres es ser feliz y no pelear más. Es muy posible que con el tiempo termines resentido porque tu pareja no reconoce tus cambios y los conflictos empiezan una vez más. Las motivaciones egoístas solo traerán disgustos en alguna otra área.

Lo primero que trae cambio permanente en la vida del creyente es estar convencido, por la Palabra de Dios y por medio de la ministración del Espíritu Santo, de que estamos actuando motivados por nuestros deseos pecaminosos y no por la gloria de Dios. Esa es nuestra actitud natural y pecaminosa. Por eso es que necesitamos del poder y la esperanza del evangelio. Es imposible vivir para la gloria de Dios por nuestras fuerzas. Somos seres caídos que vivimos para nuestra gloria y nuestros deseos.

Necesitamos ir a la cruz de Cristo para recibir el perdón por vivir centrados en nosotros mismos y para recibir el poder para ser transformados a Su imagen y así vivir para Su gloria. Cristo dio Su vida en la cruz para que nuestros matrimonios pudieran centrarse en Dios y Su gloria, y no en nosotros mismos. Lo más hermoso es que encontraremos mayor realización y satisfacción cuando vivimos para la gloria de Dios porque finalmente estaremos cumpliendo el propósito para el cual fuimos creados.

Tengo que reconocer que la mayoría de los conflictos matrimoniales que Kathy y yo tenemos son asuntos pequeños; luchas triviales que surgen del deseo por dominar a nuestra pareja. Por ejemplo, me encanta sacar a mi esposa a cenar cada semana porque es un tiempo donde puedo expresar mi amor por ella y podemos crecer en unidad. Ya que vivimos en una ciudad cercana a Washington, la capital de Estados Unidos, prefiero salir a cenar a restaurantes ubicados en el centro de la capital.

El problema es que un viaje de 30 minutos se puede convertir en uno de más de una hora si es a la hora de la cena. Me ha pasado que cuando hemos planificado ir a cenar, mi esposa me dice antes de salir: «Joselo, estoy cansada. ¿Podríamos ir a un lugar más cercano?». No les niego que en ese momento tengo que decidir con rapidez si voy a glorificar a Dios y morir a mí mismo. Aun algo tan trivial como eso puede convertirse en un poderoso ídolo que me podría llevar a mantenerme en un molesto silencio por el resto de la noche, simplemente porque las cosas no se dieron como yo las quería. Así es como peleamos guerras cotidianas donde terminamos glorificando a Dios o nos glorificamos a nosotros mismos.

Te animo a que en este momento tomes un tiempo para meditar sobre tu vida y tu matrimonio. Piensa si es que, en tu vida diaria, has vivido para la gloria de Dios o para tu gloria. Revisa si la motivación que te ha guiado es ser feliz o que tu rol en el matrimonio refleje el carácter de Dios. Si somos sinceros con nosotros mismos vamos a ver que muchas veces nuestras motivaciones son egoístas y, por consiguiente, nunca podremos encontrar paz en la relación porque no estamos dispuestos a morir a nuestros deseos.

En realidad, no hay una fórmula para el éxito matrimonial: una guía de pasos para lograr el éxito en este tema. Para tener un buen matrimonio la meta no debe ser que este sea exitoso. Un buen matrimonio debe ser el resultado de dos personas que desean glorificar a Dios. Quiero decirte con sinceridad que, si lo que estás buscando es una guía práctica para no tener problemas matrimoniales, es muy posible que este no sea el libro para ti. Si tu deseo es encontrar técnicas para manipular a tu pareja para que viva conforme a tu imagen, te animo a que busques otro recurso. Por otro lado, si tu deseo es conformarte más a la imagen de Cristo, muriendo a ti mismo y sacrificando tus propios deseos para ver a Cristo glorificado en tu vida y en tu matrimonio, te invito a que continúes leyendo.

Solo al ver a Cristo, ver Su gloria (2 Cor. 3:18) y reconocer que estamos bastante lejos de Su perfección, nos daremos cuenta de que necesitamos vivir vidas en continua actitud de arrepentimiento. Cuando seamos conscientes de nuestra propia precariedad y comprendemos nuestra propia pecaminosidad, podremos ver que nuestra única esperanza es la gracia de Dios en nosotros. Esa gracia la entendemos al reconocer que somos pecadores, pero que Dios no nos trata como merecemos. Esa misma gracia nos motiva a extenderla en nuestro matrimonio. Solo al rendirnos completamente a Él y al permitir que el mensaje del evangelio trabaje en nosotros, el Señor podrá llevarse toda la gloria.

Preguntas de aplicación

Piensa en áreas específicas en tu matrimonio en las que estás viviendo para tu gloria y no para la gloria de Dios. (Por ejemplo, momentos donde piensas: *Es que merezco ser feliz*).

¿Estás convencido de que Dios te creó para Su gloria; por consiguiente, tu felicidad no es lo más importante? Piensa en momentos en que esta verdad podría ser difícil para ti.

Poner en práctica

- ....
- ....
- ....
- ....
- ....

DÍA 2
Mi pecado es más importante
que el tuyo

Ya vimos que el llamado de todo creyente es a vivir para la gloria de Dios. Entonces podríamos también decir que todo creyente casado está llamado a vivir su matrimonio para la gloria de Dios. Ese es el propósito principal de la unión de un hombre y una mujer. Si este es el propósito, la pregunta es: ¿cómo se alcanza ese propósito en la vida diaria? Sabemos que muchas veces el matrimonio pasa por situaciones difíciles y conflictos de diferente magnitud. ¿Qué hago para cumplir el propósito de darle gloria a Dios cuando estoy en medio de un conflicto? Este propósito afecta cada aspecto de la relación con mi cónyuge, por eso debo hasta preguntarme con absoluta sinceridad: ¿cómo debo reaccionar cuando deseo insultar a mi pareja?

El mensaje principal que pretendo llevar por medio de estas secciones es el siguiente: **Para que un matrimonio glorifique a Dios, ambas personas deben vivir una vida de constante arrepentimiento**. Cuando hablamos de arrepentimiento estamos diciendo que cada individuo está mirando su pecado y lidiando con el mismo delante de Dios. El individuo debe caminar de una forma penitente, donde está más preocupado por su pecado que por el pecado del otro. El saber que somos pecadores nos ayuda a entender que, cuando estamos en conflicto, lo más probable es que nuestro pecado está contribuyendo y eso nos lleva a lidiar con el mismo delante de Dios al buscar Su gracia y Su perdón. Si solo uno de los dos cónyuges vive este tipo de vida, pues solo uno estará glorificando a Dios de forma individual. Sin embargo, para que el matrimonio glorifique a Dios, ambos deben ser creyentes que están viviendo una vida de arrepentimiento.

La doctrina bíblica del pecado nos enseña que todos somos pecadores y, aunque seamos salvados por la gracia de Dios, todavía tenemos una lucha contra el pecado. Por lo tanto, una vida de arrepentimiento conlleva que un creyente esté constantemente examinando su vida para ver si sus acciones, pensamientos o motivaciones son contrarios al llamado de Dios de vivir para Su gloria. No quisiera que me malinterpreten por lo que acabo de decir. No estoy hablando de vivir en una introspección eterna con golpes de pecho y sin nunca llegar a disfrutar de la gracia de Dios en nuestra vida. Al contrario, un creyente que entiende que todas sus acciones están manchadas por su pecado, siempre mantiene su vida en alerta para no permitir que la carne trate de tomar control. Por eso, vive en constante arrepentimiento para crecer en santidad. Justamente esa fue la exhortación del apóstol Pablo: «Porque si vivís conforme a la carne, habréis de morir; pero si por el Espíritu hacéis morir las obras de la carne, viviréis» (Rom. 8:13). El creyente, a través de la dirección del Espíritu Santo, identifica las obras de la carne en su vida y por el mismo poder del Espíritu hace que esas obras mueran en su vida.

Lo que acabamos de presentar podemos extenderlo a la vida matrimonial. El creyente casado debe vivir una vida de arrepentimiento en la que constantemente revisa sus respuestas, sus actitudes y sus motivaciones al relacionarse y vivir día a día con su cónyuge. **Estoy convencido de que los matrimonios que tienen éxito en comunicarse, en servirse el uno al otro, en amarse, en animarse y en corregirse mutuamente, son aquellos en los que cada uno de los cónyuges está más preocupado por su propio pecado que por el pecado de su pareja.**

Un buen ejemplo sería cuando la esposa está más consciente de su reacción sarcástica que de la forma en que lo criticó su esposo. El esposo está más consciente de su respuesta iracunda que de la forma en que su esposa se impacienta cuando él no cumple con lo que había prometido. Las parejas que glorifican a Dios no tienen una lista con las cosas que sus cónyuges tienen que mejorar. Por el contrario, ellos tienen una lista con todo aquello que ellos, de forma personal, tienen que mejorar.

Jesús nos enseña cómo vivir de esta forma, cómo aplicar esta verdad en nuestra vida, cuando nos dice: «No juzguéis para que no seáis juzgados. Porque con el juicio con que juzguéis, seréis juzgados; y con la medida con que midáis, se os medirá. ¿Y por qué miras la mota que está en el ojo de tu hermano, y no te das cuenta de la viga que está en tu propio ojo? ¿O cómo puedes decir a tu hermano: "Déjame sacarte la mota del ojo", cuando la viga está en tu ojo? ¡Hipócrita! Saca primero la viga de tu ojo, y entonces verás con claridad para sacar la mota del ojo de tu hermano» (Mat. 7:1-5).

Jesús no está diciendo en este pasaje que nunca debemos corregir las debilidades de otros o las formas en que otras personas pecan contra nosotros. En Mateo 18 y en Gálatas 6:1 se nos anima a hacer eso. Jesús nos exhorta a que antes de ir a corregir, antes de concentrarme en la transformación de mi cónyuge, lo primero que debo revisar es mi corazón y descubrir mi pecado. Jesús nos enseña que si no trabajamos primero con nuestro pecado, entonces vamos a estar tentados a juzgar pecaminosamente a nuestros cónyuges.

El mensaje de Jesús en Mateo 7 es clave para la salud de la relación matrimonial porque nos enseña que, antes de lidiar con el pecado del otro, primero tengo que lidiar con mi pecado. La razón para esto es muy sencilla: hasta que no lidiemos con nuestro pecado, no estamos en la condición de santidad necesaria como para apuntar el pecado del otro. Si es que no nos arrepentimos primero de nuestro pecado, entonces solo produciremos ira, autocompasión y resentimiento que terminarán gobernando la forma en que interactuamos en medio del conflicto. El resultado será lamentable porque el conflicto crecerá en vez de resolverse al no trabajarlo con misericordia y amor.

Desarrollemos un ejemplo clarificador que ilumine lo que acabo de decir. Es la hora de la cena y has preparado con esmero y empeño una deliciosa comida para tu familia. El menú es asado de carne con arroz y frijoles acompañados de una deliciosa ensalada. Tu esposo se da cuenta de que no hay su aderezo favorito para la ensalada, y de malas maneras te dice, con cara de molestia, que la próxima vez no pienses tanto en el presupuesto y compres dos botellas del aderezo que tú sabes que tanto le gusta. Sin pensarlo dos veces, y sintiendo un calor por todo el cuerpo, le contestas de inmediato y con un tono despectivo le dices que mejor vaya él y se compre el aderezo si es que tanto le gusta. ¿Qué es lo que ambos acaban de hacer en ese momento? Ambos apuntan a los errores del otro y se terminan recriminando porque ambos pecaron. La tendencia en ambos es de acusar al otro de insensible o de malcriado. Una pequeña botella de aderezo termina provocando un conflicto de proporciones épicas en donde ambos se gritan y se faltan el respeto.

¿Cómo evitamos llegar allí? ¿Cómo cumplir el propósito de Dios en vez de caer en la desacreditación mutua y la deshonra del nombre de Dios? Lo primero es que ambos reconozcan que pecaron y que antes de apuntar al pecado del otro deben mirar su propio pecado. El esposo debe ver que su esposa se ha esmerado en preparar la comida y que pecó de falta de sensibilidad y falta de humildad al reclamar de la manera en que lo hizo. La esposa pecó por su falta de prudencia al responder con ira y al ofenderse por no ser reconocida sino criticada por su trabajo. Ella perdió de vista su identidad como hija de Dios y que no debe definirse por lo que haga o deje de hacer. Ambos han pecado contra Dios, ambos necesitan el evangelio para reconciliarse, en primer lugar, con Dios y para reconciliarse el uno con el otro. Ambos deben pedirse perdón y luego de esto, en amor, quizás puedan corregir el pecado del otro (Gál. 6:1).

El primer impulso de cada uno debe ser mirar su viga antes de ir tras la paja del otro. Ese es el mandato bíblico y la única forma en que podemos dejar que el evangelio gobierne nuestras interacciones en el matrimonio. Cuando miramos primero nuestro pecado, recordaremos que somos pecadores y no víctimas. Cuando nos comunicamos con nuestro cónyuge, no lo hacemos como si se tratara de un enemigo, sino que nos comunicamos con otro pecador que está en el mismo viaje con nosotros. El evangelio nos recuerda que hemos recibido misericordia y, por consiguiente, extendemos misericordia. **Si algo deseo que saquemos de esta reflexión es que constantemente seamos impulsados y guiados por el Espíritu Santo a examinarnos primero antes de apuntar o denunciar la falta del otro.** Solamente cuando dos pecadores que han sido unidos por Dios viven de esa forma, tendrán la posibilidad de glorificar a Dios como matrimonio. Esto permitirá que no solo crezcan en paz, sino que, por encima de todo, tendrán un matrimonio marcado por la cruz y la humildad de la cruz. La humildad de la cruz nos marca porque, al ver al hijo de Dios morir por nuestro pecado, entendemos que siempre nuestro pecado es lo que más nos debe importar. Aquel que primeramente ve su necesidad de misericordia puede, por consiguiente, extender misericordia a otro.

¿Te das cuenta de lo que Jesús nos enseña en Mateo 7 al decirnos que no estamos capacitados para corregir a otro hasta que examinemos nuestro pecado? El pecado nos ciega. Mientras no puedas ver que tu pecado nubla tu entendimiento, entonces vas a continuar centrado en ti y es muy probable que adoptes el papel de víctima en cada conflicto. Hasta que no revises tus motivaciones siempre vas a ver a tu cónyuge como el culpable y nunca vas a reconocer que existe la posibilidad de que tu pecado no te permita ver la situación de una forma objetiva. Si intentaras sacar la mota del ojo de tu pareja antes de remover tu viga, lo que estás haciendo es traer juicio para ti y permitiendo que tu corazón gobierne tus interacciones. Esas interacciones estarán llenas de ira, defensa y más conflicto. Por el contrario, si miramos nuestro pecado, en lugar de nuestra tendencia a juzgar pecaminosamente, nos acercaremos en misericordia y humildad porque nosotros hemos experimentado esa misericordia de parte de Cristo.

Me gustaría compartir un ejemplo personal. Todas las mañanas tomo una taza de café. Mi cerebro no tiene la capacidad de funcionar hasta que una dosis de cafeína entra en mi sistema. Luego de terminar mi café voy a la cocina y dejo mi taza de café en el lavabo. Tengo la costumbre de llenar la taza con agua para que sea más fácil de limpiar cuando la pongan en la lavadora de platos. Pero como buen hombre que soy, en ocasiones se me olvida ponerle agua a la taza y, por lo tanto, se hará más difícil que quede limpia. Recuerdo que una vez Kathy estaba sacando los trastes de la lavadora de platos y encontró que mi taza no se había limpiado bien. En ese momento ella hizo un comentario sarcástico. «¡Cómo es que tú nunca le pones agua a la taza!». Ese comentario me ofendió y le reclamé a Kathy diciéndole que no era cierto y que muchas veces lo hacía, que debería estar agradecida de tener un esposo tan considerado como yo que le ayuda en su llamado del hogar. Esto nos llevó a tener un conflicto ya que ambos nos sentíamos ofendidos porque nos hablamos mal.

Si estás tentado a tomar una posición particular con alguno de nosotros en este conflicto, es posible que todavía no hayas entendido lo que quisiera que aprendas. No hay ganador en este conflicto. Ambos cometimos errores. Kathy al descalificarme por completo. Yo al responder ofendido, al contraatacar y al tratar de manipular. En ese momento nuestra única esperanza es que ambos nos arrepintamos de nuestro pecado contra Dios, en primer lugar, y luego el de uno contra el otro. Por la gracia de Dios yo pude mirar mi viga, ver que me ofendí por el comentario de Kathy y, en lugar de buscar ayudarla para que no hable con sarcasmo, decidí atacar y defenderme. No importa quién pecó primero, lo que importa es que yo había pecado. Le pedí perdón a Dios por idolatrar la aprobación de Kathy. Sentí que mi identidad fue atacada cuando me criticó porque mi deseo era más ser un esposo perfecto que glorificar a Dios. Cuando el Señor me confrontó, de inmediato fui donde estaba Kathy y le pedí perdón por mi respuesta manipuladora que solo quería su aprobación y ganar el conflicto. Kathy pudo ver cómo su comentario me tentó y no glorificaba a Dios. El evangelio orientó nuestra reconciliación. No se trataba de encontrar un ganador o quién tenía la razón. Se trataba de dos creyentes conmovidos por su pecado contra Dios que juntos pudieron arrepentirse y buscar al Señor.

Este es el evangelio en acción en el matrimonio. Cuando la verdad de que hemos pecado contra un Dios infinito nos hace ver que, como Pablo afirmó en 1 Timoteo 1:15, somos «el primero de los pecadores», esto nos ayuda a estar conscientes de nuestro pecado y tener una vida de arrepentimiento. Cuando ambos en el matrimonio tenemos esta actitud, entonces por la gracia de Dios hay esperanza de crecer juntos para Su gloria.

Preguntas de aplicación

Cuando estás en conflicto con tu pareja, ¿te detienes a considerar tus actitudes pecaminosas antes de confrontar el pecado del otro?

¿Entiendes que tu pecado contra Dios es mayor que cualquier pecado que se cometa contra ti?

¿Qué te ayudaría en medio del conflicto a considerar tu pecado antes del pecado de tu pareja?

Poner en práctica

- ....
- ....
- ....
- ....
- ....

DÍA 3
Tu enemigo es tu pecado

Hasta ahora hemos visto que todo matrimonio está llamado a vivir para la gloria de Dios y en arrepentimiento. Ambos cónyuges deben ser siempre conscientes de su propio pecado antes que del pecado de su cónyuge. Cada persona debe aplicar el principio enseñado por Jesús en Mateo 7, donde habla de sacar la viga de nuestros ojos antes de remover la mota del otro. Cuando estamos dispuestos a quitarnos la viga primero, estamos mostrando que nuestra prioridad es glorificar a Dios. Sin embargo, si hacemos lo contrario y tratamos de remover la mota de nuestra pareja antes de lidiar con nuestro pecado, estamos reflejando que nuestra motivación es nuestra propia gloria. Eso evidencia que buscamos que nuestro cónyuge actúe para nuestro beneficio, más de lo que deseamos que Dios sea glorificado en nuestro matrimonio. Si la gloria de Dios es nuestra motivación primordial en el matrimonio, estaremos abiertos a glorificarlo mientras caminamos juntos y estamos de acuerdo con aquello que es importante en el matrimonio.

En ocasiones, miembros de mi congregación se han acercado a preguntarme por qué hago tanto énfasis en el pecado. «¿Por qué no hablamos de otras cosas?», me han dicho. La respuesta es sencilla: en la Biblia constantemente se está hablando sobre nuestro pecado. La Biblia es un libro de redención, donde Dios está liberando a Su pueblo del pecado para que sea transformado a la imagen que fue dañada en la caída. El pecado ha dañado la imagen de Dios en nosotros. Por consiguiente, cuando venimos a Cristo, una prioridad del creyente debe ser identificar las áreas en su vida que necesitan remover el pecado y ser transformadas con la ayuda del Espíritu Santo. El apóstol Pablo es sumamente claro cuando dice: «Porque si vivís conforme a la carne, habréis de morir; pero si por el Espíritu hacéis morir las obras de la carne, viviréis» (Rom. 8:13).

El pecado es definido como todo quebrantamiento de la ley o mandato de Dios, ya sea en hechos, pensamiento o naturaleza. Esta definición de pecado debería preocuparnos bastante porque presenta un espectro más amplio del alcance del pecado en nuestra vida que llega a incluir nuestros pensamientos. Muchas personas tienden a definir el pecado solo en relación con las acciones realizadas, pues es más fácil lidiar con el control de nuestros actos. Pensamos que tenemos el control para detener lo que hacemos como parte de nuestra capacidad racional que nos permite ejercer dominio sobre nuestras acciones. El problema es que tendemos a catalogar como pecado ciertas acciones sobre otras. Considerar algo como pecado, entonces, depende solo de nuestra propia percepción. No debemos ser arbitrarios al definir nuestros actos como pecado porque Dios es quien los define a través de Su ley, y nuestro llamado es a obedecerla porque toda infracción de la ley es una afrenta contra la soberanía de Dios.

Si profundizamos en la definición bíblica del pecado, entonces descubriremos que nuestro problema es mucho más amplio de lo que pensamos. Cuando nuestros pensamientos y deseos están incluidos en esa definición, veremos que no es tan fácil controlarlos. Por ejemplo, le podemos decir al jefe que cumpliremos con sus órdenes y que vamos a hacer lo que nos pidió, pero dentro de nosotros, en nuestra mente, todo lo que hay es rebeldía y desobediencia. Podemos evitar entrar en contacto con páginas de pornografía, pero por dentro vivir llenos de lujuria. Podemos ser amables y reflejar cortesía, pero por dentro estar llenos de ira. La Biblia es clara al enseñarnos que somos tan culpables cuando pecamos con nuestros actos, como cuando lo hacemos con nuestros pensamientos (ver Mateo 5). La definición también nos enseña que el pecado es parte de nuestra naturaleza. Somos pecadores, culpables desde nuestra concepción porque hemos heredado la culpa de Adán (Rom. 4).

Cuando nos damos cuenta de que el pecado es una ofensa contra Dios y que todos somos pecadores, ya sea por acción, pensamiento o naturaleza, entonces somos movidos a tomar el pecado con bastante seriedad (Rom. 6). El evangelio nos muestra que Cristo ya lidió con nuestro pecado en la cruz y que lo venció de una vez por todas. Por lo tanto, no tenemos que temer batallar contra nuestro pecado (Rom. 5). Es muy posible que no batallamos contra nuestros pecados porque no queremos identificar los pecados en nuestra vida. Negamos el primer paso del proceso, «reconocer el pecado», porque tememos ver pecado en nuestra vida. No nos gusta recordar que somos culpables, que hemos quebrantado la ley de Dios, que nos equivocamos y, sobre todo, que hemos errado (Rom. 3). Es muy difícil tener que identificar o reconocer nuestro pecado en medio de un conflicto porque, en cierta forma, nos lleva hacia la admisión de culpa o responsabilidad personal en el conflicto.

El evangelio nos muestra que es posible remover todo temor de identificar nuestro pecado porque ya Cristo pagó por todo pecado que encontremos en nuestra vida y ya no hay condenación por ese pecado (Rom. 8). Podemos animarnos porque Cristo derrotó el pecado y ya no tenemos que ser sus esclavos y podemos crecer en santificación (Ef. 4). Entonces sí podemos tomar el pecado con seriedad porque tenemos esperanza. Sería más fácil ignorar el pecado si no hubiera evangelio, pero las buenas noticias nos dicen que, en Cristo, tenemos toda la solución que necesitamos para lidiar con el problema del pecado. Por eso lo identificamos con valentía y lo enfrentamos. El evangelio debe funcionar de esa forma en nuestra vida para poder sacar nuestra viga antes de quitar la mota. Confiamos en el poder libertador de Dios en Cristo proclamado en el evangelio y confiamos en Su poder transformador para nuestra vida que hará que busquemos la reconciliación en medio de cualquier conflicto.

Para poder batallar contra el pecado es importante que reconozcamos a nuestro enemigo, pero también es importante que sepamos quiénes somos. Somos seres humanos creados para estar ante la presencia de Dios, creados a la imagen de Dios, creados para adorar y para desear la paz (Shalom). El pecado viene y daña todo lo que somos (Gén. 1-3).

El pecado:

- Nos hace pensar que somos iguales a Dios
- Nos hace olvidar que vivimos ante la presencia de Dios
- Corrompe la imagen de Dios
- Cambia la dirección de nuestra adoración
- No nos permite tener paz

El pecado es nuestro enemigo, pero por medio del poder del evangelio podemos enfrentarlo y revertir los efectos de la caída en nosotros. Es cierto que no podemos ser perfectos en esta vida porque eso solo sucederá cuando Dios nos dé nuestros cuerpos glorificados. Pero por la gracia de Dios podemos comenzar a restaurar la imagen de Dios y vivir para Su gloria. Por consiguiente, la tarea de identificar y mortificar el pecado en nosotros se convierte en la prioridad de cada cónyuge creyente en su matrimonio. Su prioridad es mortificar su pecado y no el de su pareja.

Si uno va a pelear una batalla contra un ejército extranjero, lo primero es tratar de conocer cómo pelea y cuáles son sus fortalezas y estrategias. De la misma manera, si vamos a batallar contra nuestro pecado, es importante saber cómo funciona el pecado. Uno de los principales problemas de los creyentes es

que no conocemos a nuestro enemigo y en muchas ocasiones
ni siquiera podemos identificarlo. No podemos pelear contra un
enemigo que no podemos reconocer. Por eso es de suma importancia que discernamos cuándo y dónde el pecado está actuando
en nosotros. Y también es importante que lo llamemos por su
nombre. La ira no es mera indignación y el juicio condenatorio
no es discernimiento.

¿Cómo actúa el pecado? Lo primero que debemos saber
es que tiene una dimensión de engaño. Es como un soldado
enemigo que es difícil de reconocer porque está vestido de
camuflaje. El pecado es difícil de detectar, entra a nuestras vidas
de una forma que no es fácil de identificar. La Palabra nos dice
que el corazón es engañoso y allí es donde anida el pecado. Por
eso siempre debemos tener una duda saludable con respecto
a lo que nuestro corazón está manifestando. Por ejemplo,
en medio del conflicto con nuestra pareja, siempre debemos
dudar de que nuestras intenciones sean completamente correc-
tas o que conocemos a la perfección las intenciones del otro.
Más que nada, siempre debemos estar atentos a reconocer que
nuestro pecado nos va a querer justificar al decirnos que no
somos responsables de ningún aspecto del conflicto. Volviendo
a la enseñanza de Jesús, nuestra disposición siempre debe ser
la de mirar la viga en nuestro ojo antes de sacar la mota del
ojo ajeno. Si no lo hacemos, entonces ya nos estamos dejando
engañar por el pecado.

El pecado también se comporta como un virus que entra
en nosotros y afecta nuestras funciones. El pecado empieza
afectando nuestra capacidad de ver con claridad la realidad y
endurece nuestro corazón. Al igual que con una enfermedad,
debemos estar alertas a los síntomas. Nos toca diagnosticar los
efectos del pecado y, más que nada, cómo se esconde y altera
nuestro modo de pensar. Nuestra «realidad» es distorsionada por

el pecado. Un amigo mío que dice ser sumamente fuerte piensa que podría derrotar a Manny Pacquiao (el famoso boxeador) en una pelea callejera porque es cinco pulgadas (13 cm) más alto y pesa 50 libras (23 kilos) más que el campeón mundial. Lo que mi amigo no considera es que tiene 20 años sin pelear y que sus variables no son reales para pronosticar su supuesta victoria. En realidad, no hay forma de que él pueda sobrevivir a una pelea. Él está ciego a la realidad y, aunque crea con todo su corazón que vencerá a Pacquiao, eso nunca sucederá. Así también el pecado hace que creamos cosas que no son verdad y son contrarias a nuestra realidad a la luz del evangelio.

El pecado es como la lepra, terminamos aislados y mutilados. Todas nuestras relaciones se afectan cuando estamos en pecado. El pecado nos dirá que estamos bien y que todos los demás están mal. Nos hace creer que los demás nos harán daño y nos aísla de aquellos que amamos. En lugar de luchar contra nuestro pecado, terminamos peleando con nuestro cónyuge.

El pecado es sumamente peligroso porque afecta nuestra vida espiritual. Por consiguiente, tomemos muy en serio la realidad de su presencia en nuestra vida. Sería extremadamente necio no hacerlo porque nuestra salud espiritual, nuestras relaciones y, sobre todo, la gloria de Dios están en juego. Vemos la seriedad del pecado en la cruz donde el mismísimo Hijo de Dios tuvo que dar Su vida para librarnos de las consecuencias del pecado. Por eso, conocer y poner en alto el evangelio es un poderoso antídoto para vencer el pecado.

El pecado es fuerte. Muchas veces pensamos que el pecado no nos va a afectar, que podemos dominarlo o tolerarlo. Entramos en patrones de pecado porque pensamos que podemos dejar de pecar en cualquier momento. El pecado es más fuerte que nosotros; solo por medio del poder del Espíritu podemos luchar, combatirlo y vencerlo. No lo tomemos con liviandad.

Podría parecer que me salí del propósito del libro al escribir este capítulo. Pero lo hice para que recordemos quién es nuestro enemigo. El enemigo no es mi esposa o mi esposo. Nuestro enemigo es el pecado. Tenemos que recordarlo cuando se presente el próximo conflicto. Debemos decirnos: «No estoy peleando con mi cónyuge; estoy peleando contra mi pecado porque, al final, mi deseo es vivir para la gloria de Dios». Y por la gracia de Dios puedo batallar contra mi pecado porque Cristo murió en la cruz para que podamos identificar nuestro pecado y que, por medio del Espíritu, crezcamos en áreas donde el pecado está tomando ventaja.

Preguntas de aplicación

En medio de un conflicto, ¿qué verdades te pueden ayudar para recordar que tu mayor enemigo es tu pecado, no tu cónyuge?

Identifica áreas de pecado que están afectando tu relación con tu cónyuge.

Piensa en cómo puede afectar tu matrimonio si te entregas a áreas de pecado en tu vida.

Poner en práctica

- ....
- ....
- ....
- ....
- ....

DÍA 4
El evangelio debe funcionar
en nosotros

Si el pecado es nuestro enemigo y estamos necesitados de vivir vidas de arrepentimiento, entonces tenemos que hacernos una pregunta: ¿cómo podemos cambiar? Esa es la eterna pregunta que muchos cristianos nos hacemos con frecuencia. Es una de las preguntas que más recibo como pastor. ¿Cómo puedo cambiar? ¿Cómo puedo ver crecimiento que perdure en mi vida? Muchos quieren saber cómo pueden vencer ese pecado que los ha perseguido por años, sea ira, lujuria, orgullo, adicciones, etc. Antes de continuar, quisiera aclarar y recalcar que la única forma que el creyente tiene para cambiar es por la gracia de Dios. Necesitamos de Su gracia para ser transformados. El apóstol Pablo le dice a Tito: «Porque la gracia de Dios se ha manifestado, trayendo salvación a todos los hombres, enseñándonos, que negando la impiedad y los deseos mundanos, vivamos en este mundo sobria, justa y piadosamente» (Tito 2:11-12).

Dios tiene que trabajar en nosotros haciendo efectiva Su gracia transformadora. Les digo una vez más que **no** podemos cambiarnos a nosotros mismos porque no se trata de tener pensamientos positivos ni de hacer fuerza en nuestro interior para dejar de pecar. La gracia de Dios tiene que transformarnos.

Sin embargo, el proceso para crecer en santidad no es monergista. Es probable que no conozcas este término, pero en teología este da a entender que solo somos transformados por la intervención de Dios y sin nuestra colaboración. No obstante, somos nosotros los que necesitamos de la gracia de Dios y también de nuestras acciones. Me he dado cuenta en mi trabajo pastoral que muchas veces nos vamos al otro extremo porque damos consejos que se basan en soluciones incompletas al momento de ayudar a los creyentes a cambiar. Enfatizamos la parte que les toca hacer, pero se nos olvida mostrarles lo que Dios ya ha hecho. A una persona que lucha con problemas de lujuria le decimos que no se nombre la inmoralidad sexual en su vida (Ef. 5). A una persona con problemas de ira le decimos que no se ponga el sol sobre su enojo (Ef. 4). Las exhortamos a obedecer, pero no les damos la fuente del poder para obedecer que solamente está en el evangelio. Terminamos dándoles la impresión a nuestras ovejas de que lo que necesitan para obedecer está solo en ellas y no en el poder de Dios manifestado en el evangelio.

Hay un problema que es de fondo en una gran mayoría de creyentes. Tendemos a pensar erróneamente que necesitamos el evangelio solo el día en que Dios nos salva; después ya no lo necesitamos para nuestra vida diaria de creyentes. Hermanos, el evangelio es la base de todo lo que somos. La obra redentora de Cristo es la que nos salva y la que nos transforma. Sin el evangelio en la ecuación de transformación cristiana, terminamos aconsejando solo las soluciones prácticas o verdades bíblicas de obediencia, pero sin darles el poder para obedecer.

Funcionalidad central

Tengo que reconocer que yo viví de esta forma hasta que escuché un sermón de Mike Bullmore, un excelente pastor y teólogo, en el año 2007. El sermón se titulaba *La funcionalidad central del evangelio*. Lo que les voy a compartir a continuación no es una idea original, sino algo que aprendí del sermón de Bullmore. Él muestra, de forma sabia, algo que parece muy evidente en la Biblia, pero que pocos sabemos aplicar o usar. Bullmore la denomina «una verdad bíblica poderosa» porque cuando, por la gracia de Dios, podemos entenderla, transforma nuestra vida. Se trata de la aplicación del evangelio en **toda** situación de nuestra vida. Es una transformación total de nuestra percepción y el entendimiento de la obediencia. Por ejemplo, cuando somos envidiosos, en lugar de decir que debemos dejar de envidiar, podemos preguntarnos cuál aspecto del evangelio habla de la envidia. El evangelio nos dice que Jesús se entregó completamente por nosotros y, por consiguiente, no vivimos para nosotros, sino para Dios y eso nos ayuda a morir a la envidia. A continuación, trataré de explicar cómo podemos aplicar esto.

Me gustaría poder ilustrar cómo trabaja la funcionalidad central del evangelio. A lo que me refiero es que toda acción moral de un creyente debe ser impulsada por aspectos del evangelio. Para nosotros, como creyentes, el poder amar esto debe ser motivado por lo que Cristo hizo por nosotros. El pastor Bullmore usa la ilustración de tres círculos concéntricos que mencionaré a continuación:

1. **El primer círculo es «El evangelio mismo».** Este es el círculo central de donde nace todo lo que el creyente hace y todo lo que el creyente es. Este primer círculo es lo que Cristo hizo por nosotros en Su ministerio redentor. El círculo está al centro y es lo principal de la vida del creyente. Sin este círculo toda acción del cristiano es simplemente moralismo, porque no está siendo impulsado por la obra de Jesús. Este círculo es la encarnación, la vida perfecta, la muerte sustituta, la resurrección y la ascensión de nuestro redentor. Este círculo es el que hace todo lo posible en nuestra vida como creyentes.

2. **Al próximo círculo lo podemos llamar «Las implicaciones del evangelio sobre nuestra identidad».** Son verdades que nacen de la realidad del evangelio. La primera es que somos pecadores, la razón por la cual los creyentes necesitamos de un Salvador y por ende el primer círculo

es que somos pecadores que necesitan ser salvados por la obra de otro, ya que nuestras obras no nos hacen justos. No obstante, también hay implicaciones de identidad como que ahora somos hijos de Dios. Por lo que Cristo hizo en Su obra redentora, antes éramos enemigos y ahora somos adoptados. Esto es un cambio de nuestra identidad. En nuestra realidad ontológica, la verdad es que en Cristo somos diferentes a lo que éramos antes. Algunas de estas implicaciones son que ahora somos justificados, perdonados, real sacerdocio, sentados juntamente con Cristo, tenemos paz para con Dios, etc. El evangelio nos dice lo que ahora somos, y eso es por lo que Cristo hizo.

3. **El último círculo se refiere a «Las implicaciones morales o de comportamiento»**. Este tercer círculo sale de los dos primeros. Por lo que Cristo hizo y lo que ahora somos, entonces nuestras acciones cambian. Uno de los principales problemas que enfrentamos los creyentes es que tratamos de cambiar nuestro comportamiento, no con base en la obra de Cristo y la realidad de lo que somos, sino por nuestro propio esfuerzo. Vemos los mandatos de la Biblia y no miramos en dónde está el evangelio y lo que ahora somos en Cristo, para ser impulsados por esas realidades. Somos movidos por moralismo o un sentido de fuerza de voluntad y no por medio del Espíritu Santo, mientras contemplamos la obra de Cristo y que esto nos transforme a Su imagen. Voy a dar un ejemplo bíblico de esto:

• Efesios 5:1-5: «Sed, pues, imitadores de Dios como hijos amados; y andad en amor, así como también Cristo os amó y se dio a sí mismo por nosotros, ofrenda y sacrificio a Dios, como fragante aroma. Pero que la inmoralidad, y toda impureza o avaricia, ni siquiera se mencionen entre vosotros, como corresponde a los santos; ni obscenidades, ni necedades, ni groserías, que no son apropiadas, sino más bien acciones de gracias. Porque con certeza sabéis esto: que ningún inmoral, impuro, o avaro, que es idólatra, tiene herencia en el reino de Cristo y de Dios».

En la iglesia moderna, uno de los pecados prevalentes es la inmoralidad sexual. Con el fácil acceso al Internet, muchos sucumben a la tentación de mirar imágenes pornográficas en sus computadoras. Muchas veces aconsejamos a personas que batallan con este pecado, fundamentándonos en el versículo 3 de Efesios 5, el cual menciona que ni aun se nombre entre nosotros la inmoralidad. No obstante, no les damos el evangelio, las dejamos con el sentido de que ellas tienen que cambiar con la pura voluntad. Olvidamos la centralidad del evangelio para transformar nuestra vida. En este pasaje, el primer círculo lo vemos en el versículo 2, que nos dice: «Así como también Cristo os amó y se dio a sí mismo por nosotros, ofrenda y sacrificio a Dios, como fragante aroma». Esto es el evangelio, Cristo se dio por nosotros. De este círculo salen implicaciones sobre nuestra identidad; esto lo vemos en el versículo 1: «Imitadores de Dios como hijos amados». Porque Cristo se dio por nosotros, ahora somos hijos amados. Esto es una verdad sobre nuestra identidad, ahora la realidad es que somos hijos amados. Entonces, por estas dos verdades, nuestro comportamiento es afectado, somos imitadores de Dios, que la inmoralidad sexual no se nombre. Pablo termina mostrando en el versículo 5, que este comportamiento es contrario a aquellos que son hijos de Dios, por ende, no heredan el reino. No es que no heredamos el reino por nuestro comportamiento, es que el comportamiento muestra que no lo heredamos porque no somos hijos de Dios.

Basado en este texto, ¿cómo ayudamos a una persona que profesa ser creyente con un problema de inmoralidad? No es diciéndole que deje de hacer estas cosas o de tener este comportamiento. Es diciéndole que medite en estas realidades, porque Cristo se dio a sí mismo para salvarlo, y por ende, es un hijo de Dios. En un verdadero creyente esto debe crear afectos por Cristo. Dado que merecemos el infierno debido a nuestro pecado, es asombroso pensar que, debido a que Cristo murió por nosotros, ahora podemos ser llamados hijos de Dios. Al mirar esta realidad, debe surgir en nosotros un profundo amor por Cristo y odio por la inmoralidad. No podemos simplemente parar de pecar, tenemos que sustituir las cosas que amamos por algo que amamos más. Solo mirando el círculo central, al ver que eso transforma por gracia nuestra identidad, somos impulsados a cambiar nuestra conducta.

Imperativos contra indicativos

A continuación, definiré lo que se conoce como los imperativos y los indicativos de la Biblia. Los imperativos son los mandatos, todo aquello que en la Biblia se nos dice que tenemos o no tenemos que hacer. Todos estamos muy familiarizados con los imperativos porque muchas de las prédicas que escuchamos están llenas de imperativos: «No hagas esto», «haz aquello». El problema radica en que enfatizamos la acción, pero dejamos de lado establecer cuál es la base de la obediencia. Por eso es necesario que entendamos que detrás de todo imperativo o mandamiento hay un indicativo que señala la base de la obediencia. En otras palabras, el indicativo es el poder necesario que nos «indica» o nos muestra por qué obedecemos. El indicativo fundamental en la Biblia es la obra de Cristo, lo que le da significado a nuestra nueva identidad en Cristo, la base de la obediencia.

1 Timoteo 1:10-11 Pablo le dice a Timoteo que nuestra moralidad es informada y tiene que estar de acuerdo con al evangelio: «… para cualquier otra cosa que es contraria a la sana doctrina, según el glorioso evangelio del Dios bendito, que me ha sido encomendado» (1 Tim. 1:10-11). Pablo incluye en ese pasaje una lista de pecados y termina diciendo que todas esas cosas son contrarias al evangelio. Por eso decimos que el evangelio nos exhorta y nos dirige la forma en que el creyente debe vivir. Toda nuestra obediencia debe salir del evangelio de la gracia, esto es, de todo lo que Cristo ha hecho por nosotros.

Tres versículos arriba, tres versículos abajo

Para poder encontrar los indicativos en la Biblia, tenemos que cambiar la manera en que leemos. Muchos creyentes leen la Escritura de una forma que no les permite ver la unidad del mensaje, ni tampoco la relación con el libro donde se encuentra el pasaje y, por consecuencia, la relación con el resto de la Biblia. Vemos la Biblia como un listado aislado de versículos y cada día buscamos uno que nos inspire, aunque no sepamos siquiera el contexto en que se sitúa. Un consejo bastante sencillo que puedo darles en este momento es que lean la Escritura considerando siempre tres versículos arriba y tres versículos abajo del texto seleccionado. Cuando yo me encuentro con un mandamiento en la Biblia, me detengo y miro arriba y abajo del mismo, tratando de encontrar dónde está el indicativo que me muestra lo que Dios ha hecho para darme el poder para obedecer ese mandamiento particular. A continuación, voy a presentarles tres ejemplos.

Éxodo 20: La ley

Podemos decir que esta es la capital de los mandamientos en la Biblia. Dios muestra Su ley a Su pueblo y les muestra lo que tienen y lo que no tienen que hacer. Muchas veces hemos escuchado y hasta compartido estos mandamientos de forma aislada, sin incluir el contexto. Lo primero que encontramos es lo siguiente: «Y habló Dios todas estas palabras, diciendo: Yo soy Jehová tu Dios, que te saqué de la tierra de Egipto, de la casa de servidumbre. No tendrás otros dioses delante de mí» (Ex. 20:1-3). El mandato de que no tengan otros dioses se basa en el indicativo de que Dios liberó a Su pueblo de la servidumbre en Egipto. Podemos decir, entonces, que el poder para obedecer radica en que Él es nuestro dueño, aquel que nos liberó de Egipto, del poder del pecado, para que pudiéramos entrar en un pacto con Él.

Perdonar

Este ejemplo es uno de mis favoritos. Pablo nos recuerda: «Antes sed benignos unos con otros, misericordiosos, perdonándoos unos a otros, como Dios también os perdonó a vosotros en Cristo» (Ef. 4:32, RVR1960).

El imperativo aquí es ser benignos, misericordiosos, perdonando a aquellos que nos ofenden. ¿Cuántas veces le decimos a alguien que perdone por las razones equivocadas? Algunas veces les decimos: «¡No cargues ese peso, te vas a sentir libre!». No obstante, eso es perdonar por razones egoístas. El poder para perdonar está en el indicativo que vemos a continuación del mandato a perdonarnos: Pablo nos dice que debemos perdonar porque hemos sido perdonados en Cristo. El evangelio nos muestra el poder del perdón en Cristo que nos perdonó y, por lo tanto, nos da el poder para ser misericordiosos. Cuando meditamos en que Dios ha perdonado nuestra infinita deuda contra Él, entonces podemos perdonar deudas menores contra nosotros.

2 Corintios 9

He estado meditando en este pasaje en particular durante los últimos días. Pablo dijo: «Pero esto digo: El que siembra escasamente, también segará escasamente; y el que siembra generosamente, generosamente también segará. Cada uno dé como propuso en su corazón: no con tristeza, ni por necesidad, porque Dios ama al dador alegre. Y poderoso es Dios para hacer que abunde en vosotros toda gracia, a fin de que, teniendo siempre en todas las cosas todo lo suficiente, abundéis para toda buena obra» (2 Cor. 9:6-8, RVR1960).

De seguro todos conocemos el famoso principio bíblico de la siembra y la cosecha. Usamos ese pasaje para decirle a las personas que si quieren algo, primero deben trabajarlo. Sin embargo, la motivación y el poder no radican en que damos primero para recibir algo a cambio. Prestemos atención al versículo 8 en donde se menciona con claridad que el poder está en nuestro Dios que hace que abunde la gracia necesaria para poder abundar en buenas obras. Entonces, por ejemplo, si quiero ser generoso no me enfoco en un sistema que me dará mayores beneficios al invertir, ni tampoco en la bolsa de valores. Tenemos que poner nuestros ojos y nuestra confianza en un Dios generoso que nos da de Su gracia para que seamos generosos.

Hermanos, miremos el evangelio para recibir el poder de ser transformados. Meditemos en el evangelio para que el Espíritu Santo escriba estas verdades en nuestros corazones. Y siempre pensemos cómo el evangelio informa y aclara los mandamientos que el Señor nos ordena obedecer.

El evangelio

Volviendo a lo que aprendí del sermón del pastor Bullmore, el evangelio tiene algo poderoso que decir para todos los aspectos de mi vida. En cualquier escenario, el evangelio me impulsa a vivir para la gloria de Dios. Veamos los aspectos más destacados del evangelio y cómo afectan de manera directa mi andar cristiano:

- **La encarnación:** Cristo se entregó por Su Iglesia, se humilló dejando el trono de Dios. Por Su gracia podemos presentarnos en sacrificio vivo y con humildad para vivir una vida de obediencia que honre al Señor y para predicar Su Palabra.

- **La obediencia:** Cristo obedeció toda la ley para que fuera declarado justo. Cuando Pablo nos llama a estar gozosos en todo tiempo, podemos pensar en que, por la obediencia de Cristo, no hay condenación para mí. Esta verdad del evangelio tiene poder para crear gozo.

- **La muerte:** Cristo tomó mi lugar en la cruz y el Padre derramó Su ira sobre Él por mi pecado. No vivimos más en culpa, sino que somos libres de nuestro pasado. Todos nuestros pecados fueron pagados y perdonados en la cruz.

- **La resurrección:** Cristo venció la muerte y el pecado. Pablo nos dice en el capítulo 6 de Romanos que no vivimos para pecar ya que estamos resucitados en Cristo para una nueva vida.

- **La ascensión:** Cristo está vivo reinando en el trono. En momentos de dificultad recuerdo que Cristo reina sobre todo y nada sale de Su control. Puedo tener paz en la dificultad ya que Él reina y todo obra para bien para los que aman al Señor.

• **La segunda venida:** Cristo regresará por Su pueblo. No importa lo difícil que se ponga esta vida, Cristo vendrá y restaurará Su Iglesia en un futuro glorioso. Así que, perseveraremos hasta el fin.

Meditar

¿Qué hacemos entonces? Debemos meditar en estas verdades. Debemos leer nuestras Biblias conscientes de la centralidad del evangelio y de la búsqueda de los indicativos y los imperativos. Donde hay un mandamiento, siempre hay un aspecto del evangelio que me ayudará a obedecer ese mandamiento. No meditaremos solo en el mandato, sino también en el poder para obedecer el mandato, que solamente reside y se presenta en el evangelio.

Mi esposa Kathy y yo tenemos un acuerdo que siempre tratamos de honrar. Cuando estamos corrigiendo algún aspecto de nuestras vidas con la verdad bíblica, siempre recurrimos a predicarnos mutuamente el evangelio. Por ejemplo, si un día le digo a mi esposa: «Te veo ansiosa; no debes de estar ansiosa», ella me va a contestar: «Joselo, no me predicaste el evangelio, ayúdame a ver cómo el evangelio tiene algo para mí en esa área, dame la esperanza del evangelio». Entonces podría decirlo de esta otra manera: «No estés ansiosa. Si Dios envió a Su Hijo para suplir tu mayor necesidad, la de un salvador, ¿cómo no te ayudará en medio de este tiempo de dificultad con la fe para que, aun en medio de esta situación, lo glorifiques?».

Hermanos, pastores, creyentes: cuando estemos buscando dar un consejo a otras personas, démosles, a través del Espíritu Santo, el poder del evangelio para que sean realmente transformados. No habrá otro poder que pueda lograr esa transformación. Si tu consejo carece del evangelio, los llevarás a pensar que tienen el poder para cambiar con sus propias fuerzas, cuando solo el evangelio, que nos muestra lo que el Señor ha hecho por nosotros, es poder para salvar.

Romanos 1:16: No olvidemos esta poderosa verdad: «Porque no me avergüenzo del evangelio, pues es el poder de Dios para la salvación» (Rom. 1:16). La salvación es librarnos del infierno y ganar la vida eterna en el mensaje bíblico, pero esta incluye la redención y el poder para vencer el pecado por la gracia de Dios mientras esperamos nuestra partida y la segunda venida de nuestro Señor. Por lo tanto, compartamos la funcionalidad central del evangelio que es poder de Dios para vivir para Su gloria.

El verdadero arrepentimiento necesita ser revelado por el evangelio para luego dar verdadero fruto de cambio en nuestra vida. Si nuestro cambio es uno logrado por nuestro esfuerzo, eso es fariseísmo y ese cambio es muerte. Por otro lado, si por la gracia de Dios, mirando a Cristo, Su obra y Su gloria, somos transformados por Su evangelio, entonces tendremos vida y esperanza en nuestra vida y en nuestros matrimonios.

PREGUNTAS DE APLICACIÓN

Identifica áreas donde has tratado de cambiarte o cambiar a tu cónyuge de forma moralista sin aplicar el evangelio.

Piensa en textos específicos que hablen sobre áreas en las que necesitas crecer y busca la promesa del evangelio asociada con el imperativo.

¿De qué formas no crees que el evangelio tiene el poder para transformarte diariamente?

PONER EN PRÁCTICA

- ....
- ....
- ....
- ....
- ....

DÍA 5
La prioridad es crecer en santidad

Ambos cónyuges en un matrimonio deben tener como meta ser más como Cristo. Crecer en santidad o piedad es, finalmente, ser más parecido a Cristo. Somos más como Él cuando vemos Su gloria y nuestros afectos son cautivados por Su belleza. Ver a Cristo como el mayor tesoro de la tierra nos ayuda a ver nuestra necesidad de ser más como Él. Cuando la esposa y el esposo están concentrados en crecer a la medida de Cristo, estarán más conscientes de su pecado que de señalar el pecado del otro. Además, ambos estarán atentos al crecimiento mutuo y no en el ganador del conflicto. Recuerden siempre que la meta no es ganar una pelea, es ser más como Cristo. En este capítulo te invito a que descubramos juntos que Dios nos llama a cada uno a crecer en santidad.

El 22 de noviembre de 2014 completé mi primer maratón. Para poder completarlo en el tiempo que me había propuesto, tuve que entrenar por 16 semanas, corriendo un promedio de 60 millas (cerca de 100 km) por semana. Era evidente que no bastaba llegar al día del maratón con pensamiento positivo. Tenía que prepararme de forma intencional para completar el recorrido de 26,2 millas (42 km). La satisfacción que experimenté al cruzar la meta solo pudo ser posible luego de muchos días de intenso entrenamiento. No les niego que había días en que no deseaba salir a correr, pero tenía claro que para poder llegar a la meta necesitaba entrenar y prepararme físicamente.

Muchos creyentes no son intencionales en el cultivo de la piedad en su vida. Es posible que no hablen de eso, pero se nota el desgano porque sus vidas de piedad demuestran una marcada falta de esfuerzo. Volviendo a la ilustración del maratón, el apóstol Pablo presenta la vida del creyente como una carrera que todos deben correr. Y al igual que el entrenamiento diario para una maratón, también uno debe entrenarse sin dilación para crecer en piedad:

«Pero nada tengas que ver con las fábulas profanas propias de viejas. Más bien disciplínate a ti mismo para la piedad; porque el ejercicio físico aprovecha poco, pero la piedad es provechosa para todo, pues tiene promesa para la vida presente y también para la futura» (1 Tim. 4:7-8).

Pablo está exhortando a los creyentes a que no pasen por la vida con escaso conocimiento bíblico. Nos estimula a disciplinarnos para crecer en santidad a través de un conocimiento sano. La palabra «disciplina» representa esfuerzo, intencionalidad. Pablo nos está diciendo que crecer en piedad no sucede en el vacío. Por el contrario, el esfuerzo disciplinado nos ayudará a ver a Dios transformando nuestra vida. Así como la disciplina en el entrenamiento físico permite que terminemos un maratón, así también debemos disciplinarnos en la piedad para tener beneficios en esta vida y en la eterna.

Motivados por la gloria de Dios

«Entonces, ya sea que comáis, que bebáis, o que hagáis cualquiera otra cosa, hacedlo todo para la gloria de Dios» (1 Cor. 10:31).

Todo lo que hacemos como creyentes debe tener un denominador común: la gloria de Dios. Este debe ser el catalizador para nuestra vida de piedad. La piedad tiene muchas motivaciones equivocadas en las iglesias. Aparentamos piedad porque buscamos reconocimiento, halagos, legalismo al mostrar que somos fieles cumplidores de la ley, pensar que Dios nos va a bendecir, etc. Sin embargo, la verdadera motivación es diferente: Dios es un Dios santo y glorioso, que merece toda la gloria. Él también nos ha salvado para Él, y ahora en agradecimiento vivimos para Su gloria. Si tenemos la motivación correcta, entonces ahora necesitamos la metodología correcta. La Palabra de Dios es clara en señalar que debemos usar los medios de gracia que Dios ha dado para glorificar a Dios a través del crecimiento en piedad y de ser más como Cristo.

Formas incorrectas

Una de las influencias más poderosas en el mundo evangélico viene de la teología de Keswick. Es posible que no conozcas este nombre, pero seguramente has sido influenciado por él. Esta doctrina enseña que la forma de llegar a una vida más alta en el Señor es por medio de una completa rendición a Dios, dejando que Él actúe en nosotros. Si bien es cierto que debemos entregarnos a Dios y permitir Su obra en nosotros, también debemos tener presente que la Biblia nos enseña que nos consagramos a Él por medio de disciplina y usando los medios de gracia prescritos en Su Palabra. Muchos vemos la influencia de Keswick en nosotros cuando aplicamos la filosofía de dejar que Jesús tome el volante de nuestra vida y nosotros no hacemos absolutamente nada para crecer.

Son muchas las veces que me he encontrado con creyentes que desean cambiar o crecer en aspectos de su vida, pero cuando les preguntas que están haciendo para crecer, me responden con un tono muy piadoso: «Estoy orando». La mentalidad Keswick es justamente eso, dejar toda la responsabilidad a Dios sin que nosotros nos involucremos. Claro que debemos orar, pero una sencilla oración que dice «Dios, cámbiame» no es lo que la Biblia nos muestra como la única herramienta para crecer. Esa oración debe estar acompañada de arrepentimiento, meditación y el desarrollo de disciplinas espirituales que nos hagan crecer en la piedad.

«Así que, amados míos, tal como siempre habéis obedecido, no sólo en mi presencia, sino ahora mucho más en mi ausencia, ocupaos en vuestra salvación con temor y temblor; porque Dios es quien obra en vosotros tanto el querer como el hacer, para su beneplácito» (Fil. 2:12-13).

Nosotros procuramos ocuparnos de nuestra vida de piedad, pero ese deseo de trabajar en nuestra piedad solo viene de Dios. Finalmente, todo lo que hacemos es porque Él nos ha dado el deseo y es para Su beneplácito o gloria.

Cambio bíblico

«Porque la gracia de Dios se ha manifestado, trayendo salvación a todos los hombres, enseñándonos, que negando la impiedad y los deseos mundanos, vivamos en este mundo sobria, justa y piadosamente, aguardando la esperanza bienaventurada y la manifestación de la gloria de nuestro gran Dios y Salvador Cristo Jesús» (Tito 2:11-13).

Este pasaje nos muestra que la manifestación evidente de la gracia de Dios es la que nos enseña diariamente a morir a nosotros mismos y así vivir para Dios. Estos versículos muestran claramente que la vida del creyente consiste en dos tareas con fines opuestos: negar la impiedad y vivir piadosamente. Es decir, que no se trata de tan solo parar las conductas contrarias a la Palabra de Dios, sino que también tenemos que aplicar las conductas acordes al carácter de Dios. Por ejemplo: el que está airado contra un enemigo debe arrepentirse, y no tan solo dejar de sentir ira, sino también tiene que disponerse a poner en práctica el amor a su enemigo. El que tiene pensamientos lujuriosos, no tan solo debe esforzarse por no tenerlos, sino también por llenar su mente de otro tipo de pensamientos en donde prime, por ejemplo, lo amable y todo lo bueno.

¿Cómo hacemos esto? Pablo le escribe a Tito, en el segundo capítulo de su carta, que esto es posible por medio de la gracia de Dios que se ha manifestado. ¿Qué es lo que quiere decir el apóstol? La gracia de Dios que se ha manifestado es el Cristo anunciado por medio de Su evangelio. La manifestación de esta gracia nos enseña a poder renunciar al mundo y vivir para Dios. La gracia hace su efecto cuando nos exponemos constantemente a la misma a través de los medios que Dios nos ha dado para recibirla: la oración, la meditación en la Escritura, la comunión con los creyentes, los sacramentos y el congregarnos para adorar y escuchar el evangelio proclamado. No se trata de ninguna fórmula mágica para aplicarla. Mediante estos medios de gracia, Dios usa Su Espíritu para darnos convicción de pecado, arrepentimiento y las conductas santas que le den la gloria.

Todos estos medios de gracia deben llevarnos a Cristo. El factor motivador que nos lleva a vivir para la gloria de Dios diariamente es recordar que Él ha tenido gracia para con nosotros y, por ende, nuestros pecados han sido perdonados. Pedro lo detalla de la siguiente manera:

«Por esta razón también, obrando con toda diligencia, añadid a vuestra fe, virtud, y a la virtud, conocimiento; al conocimiento, dominio propio, al dominio propio, perseverancia, y a la perseverancia, piedad, a la piedad, fraternidad y a la fraternidad, amor. Pues estas virtudes, al estar en vosotros y al abundar, no os dejarán ociosos ni estériles en el verdadero conocimiento de nuestro Señor Jesucristo. Porque el que carece de estas virtudes es ciego o corto de vista, habiendo olvidado la purificación de sus pecados pasados» (2 Ped. 1:5-9).

Pedro nos exhorta a que apliquemos con diligencia todas estas virtudes. Al ponerlas en práctica con seriedad y prontitud, podremos dar fruto por medio de las virtudes del fruto del evangelio que no nos permite estar ociosos. El versículo 9 nos entrega una pieza clave en nuestra santificación: cuando dejamos de crecer, cuando dejamos de tener virtudes, cuando no buscamos crecer con diligencia en piedad, es porque hemos olvidado del evangelio y de que nuestros pecados han sido perdonados. De allí que sea de suma importancia que meditemos todos los días en la gracia de Dios revelada en Su Hijo para motivarnos a vivir para Su gloria.

Intencionalidad diaria

Muchas veces olvidamos que el trabajo de santificación requiere de un trabajo diario. Todos los días batallamos contra nuestro pecado y nos esforzamos en aplicar, por la gracia de Dios, un comportamiento piadoso. Tenemos que examinar nuestro corazón todos los días; y, con la ayuda del Espíritu Santo, identificaremos nuestras tendencias pecaminosas. Una vez que identificamos las tendencias pecaminosas, el llamado bíblico es a acudir en arrepentimiento delante de Dios y confesar nuestro pecado. Lo que hacemos es pedirle a Dios la gracia para renunciar a esa manera de vivir que no lo glorifica y el poder para caminar en obediencia. Como ya lo hemos dicho, no es suficiente dejar de hacer lo que estábamos haciendo, sino que debemos aplicar el fruto del Espíritu y que este ocupe el lugar de nuestra conducta pecaminosa. Lo vuelvo a repetir, esta lucha contra nuestra carne es diaria y permanente, pues la carne nunca descansa ni nos da tregua.

Hay algo negativo que quisiera advertir que sucede en creyentes que trabajan creciendo en piedad en alguna área de sus vidas. Luego de varios meses, cuando ven frutos, se confían, dejan de orar y meditar sobre esa área en la que el Señor ha estado haciendo Su obra de gracia. En consecuencia, desisten de ser intencionales en la lucha contra ese pecado. Sin darse cuenta comienzan a moverse lentamente en dirección al pecado y vuelven a los hábitos de la carne. ¿Por qué sucede eso? Hay algo que tenemos que entender y recordar siempre: hay áreas de debilidad con las cuales vamos a tener que batallar hasta que dejemos este mundo o hasta que Cristo venga. Puede tratarse de la lujuria, la ira o quizás sea la envidia. Es importante que cada creyente identifique cuáles son sus áreas de debilidad y debe ser constante en incluir dentro de sus meditaciones bíblicas aquellos aspectos que le ayuden a cultivar la piedad en estas áreas de lucha.

La voluntad de Dios es que crezcamos en santidad (1 Tes. 4:3-8). Cuando nos negamos a crecer en santidad, estamos rechazando a Dios y deshonrando al evangelio. Por eso, por Su gracia nos esforzamos en crecer en santidad para que Dios sea glorificado. Si tu matrimonio está pasando por un tiempo difícil, la voluntad de Dios no cambia. Deja de enfocarte en los pecados de tu pareja y pide a Dios que, mediante el evangelio, te transforme a ti para que tú seas como Cristo. Cuando aprendamos que mirando a Cristo somos hechos como Él, nos esforzaremos en mirarlo como lo más preciado y seremos transformados de gloria en gloria (2 Cor. 3:18).

Preguntas de aplicación

¿Puedes identificar en tu vida la influencia de la teología de Keswick en donde dejas tu santificación «en las manos de Dios» y no estás cooperando en disciplinarte para la piedad?

Piensa en formas en que puedes, por la gracia de Dios, participar activamente en el proceso de santificación.

¿De qué formas bíblicas puedes mirar a Cristo para enamorarte de Él y poder ser más como Él?

¿Puedes identificar si estás más activamente tratando de cambiar a tu pareja en lugar de trabajar en tu propia santificación?

Poner en práctica

- ....
- ....
- ....
- ....
- ....

DÍA 6
El corazón es una máquina
de crear ídolos

Juan Calvino afirmó de una forma muy vívida que el corazón es una máquina de crear ídolos. Esta es una de las frases que más ha marcado mi vida como creyente. Esa frase me ayudó a entender que, debido a la caída, nuestro corazón está inclinado a adorar cosas que no son Dios. Fuimos constituidos por Dios para adorar. El corazón del ser humano no tenía el problema del pecado antes de la caída y podía adorar completamente a Dios sin tener una inclinación a la adoración de ídolos. Luego de la caída nos convertimos en fabricantes de ídolos y, aunque el Señor nos da vida nueva y un nuevo corazón, siempre tendremos que estar luchando con esa tendencia idolátrica en nuestro corazón.

El libro de Éxodo nos muestra que aun cuando el pueblo de Israel ya había sido liberado de la esclavitud de Egipto, todavía la inclinación a adorar un ídolo estaba latente. Ellos fueron liberados de la esclavitud para ser el pueblo de Dios, pero tan pronto como se vieron solos, sus corazones inmediatamente fabricaron un ídolo. Podríamos pensar que nosotros no seremos como los débiles israelitas que, a pesar de que vieron el Mar Rojo abrirse, igual dudaron del verdadero Dios y adoraron a un ídolo. Nuestro caso es aún más triste porque nosotros sabemos que el Hijo de Dios murió por nuestros pecados, venció la muerte para darnos vida y pese a saber la verdad del evangelio, en muchas ocasiones nos postramos a ídolos que nuestro corazón ha fabricado.

Ídolos

Los ídolos de la Iglesia moderna no son de oro ni madera. Que no nos postremos ante imágenes, no significa que no seamos idólatras. Los ídolos de nuestro tiempo son diferentes a los de la antigüedad. Hoy se trata de anhelos de nuestro corazón que llegan al punto de controlar todo nuestro ser. Nuestros ídolos podrían ser dones de Dios para nuestro disfrute, pero que ocupan el lugar que solo le corresponde al Señor. Pueden ser nuestros trabajos, nuestro matrimonio, nuestros hijos, nuestra reputación o nuestra estabilidad financiera. Cada una de estas cosas puede ser un regalo de Dios, pero si permitimos que ocupen el lugar de mayor importancia en nuestra vida, nos convertimos en idólatras.

Nos convertimos en lo que adoramos

«Los ídolos de ellos son plata y oro,
obra de manos de hombre. […]
Se volverán como ellos, los que los hacen,
y todos los que en ellos confían» (Sal. 115:4,8).

Este salmo describe el principio espiritual que señala que nos convertimos en aquello que adoramos. ¿Nunca has visto una persona que termina pareciéndose a su perro? Quizás un dueño de un *bulldog* desarrolla cachetes caídos o el dueño de un chihuahua se convierte en alguien nervioso. De la misma manera, nosotros terminamos tomando la forma y las actitudes de nuestros ídolos. Lo peor es que terminamos tan muertos como los ídolos falsos. Algo que Dios nos da para nuestro disfrute, termina siendo el veneno que mata nuestra vida espiritual.

Ídolos en el matrimonio

He sido testigo de muchos matrimonios que han terminado muertos porque han decidido servir a sus propios ídolos y no al Dios vivo. Sé que cuando mencione este ídolo, muchos de ustedes se podrían ofender, pero desde mi perspectiva, uno de los ídolos que más está afectando matrimonios es la idolatría de los hijos. Esto es poner el bienestar y la felicidad de los hijos por encima del cuidado de la unidad del matrimonio. Voy a mencionar otros ídolos que afectan los matrimonios, pero los ídolos más letales son aquellos más difíciles de identificar. Un principio bíblico dice que Dios nunca nos llama a honrar un mandamiento de tal forma que nos hace quebrantar otro. Fuera de nuestra relación con Dios, para un ser humano casado no hay ninguna relación más importante en la tierra que la relación con su cónyuge. La Biblia manifiesta esa realidad al afirmar que ambos no son más dos, sino que son uno. Es por ello que la crianza de los hijos no debe convertirse en el centro del hogar hasta el punto de que termine afectando la relación entre el padre y la madre.

Recuerdo el día 16 de abril de 2007 como si fuera hoy. El momento en que tomé a nuestro primogénito, Joey, entre mis brazos; y luego, el 21 de octubre de 2008 cuando Janelle, nuestra hija, llegó a nuestra vida. Recuerdo mirar a esas dos hermosas criaturas y sobrecogerme al llegar a entender que ese regalo de Dios podría tener el potencial de convertirse en un ídolo para mí. Yo les digo a ellos que los amo con todo mi ser, pero no más que a su mamá. Les digo que un día ellos partirán, harán sus vidas con sus familias y que yo me quedaré con su mamá y, por consiguiente, es de suma importancia para mí el cuidar de ella y de nuestra relación.

He visto también cómo los sueños de los hijos se convierten en los ídolos de los padres. Ellos dedican todo su tiempo para que sus hijos puedan cumplirlos y, al final, no tienen tiempo para cuidar y cultivar la relación más importante que tienen, que es la de su propio matrimonio. Si amamos a nuestros hijos, amaremos a nuestras esposas más que a ellos. Piensa que no hay un mejor regalo para ellos que el crecer en una casa donde saben que papi y mami se aman y estarán juntos para siempre.

Padres

La cultura hispana tiene también un ídolo muy particular y que puede causar una profunda división en el matrimonio: es el de complacer a los padres de cada cónyuge antes de honrar los votos matrimoniales. Mi esposa nunca debe sentir que amo más a mi mamá que a ella. Recuerdo que mi mamá era una excelente cocinera. No solo cocinaba la comida criolla de Puerto Rico, sino que también hacía platos muy sofisticados y deliciosos. Cuando Kathy y yo nos comprometimos, le dije: «Nunca tienes que competir con mami; tu comida será siempre la mejor porque serás mi esposa». Dios nos llama a honrar al padre y a la madre, pero esto nunca debe causar que el matrimonio sufra. El llamado de honrar padre y madre no debe violar la realidad de que somos una carne con nuestro cónyuge. Dios no nos llama a obedecer mandatos violentando mandatos mayores. La unidad matrimonial es la prioridad por encima de cualquier otra responsabilidad terrenal que tengamos.

Uno de estos ídolos que afecta cada día más a las familias, es el materialismo. El deseo de anhelar más cosas nos lleva a poner toda la atención en nuestras carreras y descuidamos las áreas que son de mayor importancia, como lo es nuestro matrimonio. Muchas veces, por querer proveer financieramente, sacrificamos tiempo para edificar un matrimonio sólido. La lista de ídolos que compiten con el matrimonio no termina con los pocos ejemplos que les he entregado. El anhelo de hacer lo que deseamos, la pereza y la falta de un espíritu de servicio son grandes ídolos que perturban el matrimonio.

No sustituir ídolos por ídolos

No podemos ser inactivos a la hora de trabajar contra nuestros ídolos. Primero tenemos que definirlos bíblicamente. Por ejemplo, una persona no tiene relaciones de codependencia como la psicología lo presenta, sino que nosotros idolatramos aquello que no nos permite amar a Dios con todo el corazón y no nos deja cumplir con lo que Dios nos ha llamado a hacer. Sin una plena identificación de los ídolos, solamente estaremos tratando de cambiar comportamientos. Lo peor es que muchas veces solo cambiamos de ídolos. Permítanme poner la siguiente ilustración: Digamos que están dedicando demasiado tiempo a los hijos para que ellos alcancen metas académicas de excelencia. Sin embargo, se dan cuenta de que el enfoque tan fuerte en lo académico está haciendo que no haya tiempo familiar. Si eso no se identifica como una idolatría, lo más probable es que ajusten el calendario y cambien un ídolo por otro en lugar de invertir en el bienestar del matrimonio. Sin el poder del evangelio que nos lleva al arrepentimiento de nuestros pecados, lo que haremos es cambiar de ídolos.

Poner y quitar

El principio bíblico de poner y quitar también debe ser aplicado. El arrepentimiento de un pecado no tiene como único propósito parar una conducta pecaminosa, sino que la prioridad es exponer una conducta bíblica. Esto lo podemos observar en Gálatas 5:21-26 donde se presenta la lucha del espíritu y la carne. En lugar de actuar bajo las obras de la carne, estamos llamados a reflejar el fruto del Espíritu. Para el creyente la prioridad no es tan solo dejar de ser iracundo, sino ser bondadoso. No es tan solo dejar de odiar, sino amar. Una madre que se enoja frecuentemente con sus hijos no solo debe orar para dejar de airarse, sino que también debe orar para crecer en paciencia.

Cuando nos arrepentimos de un ídolo, parte del arrepentimiento es poner en práctica la obediencia contraria al pecado que estuvimos cometiendo. En el caso del matrimonio, cuando identificamos ídolos que están afectando la relación, debemos poner en práctica acciones que lo fortalezcan. Cuando nos arrepentimos de la lujuria, debemos volver a mirar con pasión fiel a nuestro cónyuge. Cuando estamos idolatrando a nuestros hijos y no dando tiempo al matrimonio, debemos reordenar las prioridades y darle tiempo a la pareja.

Solo cristo satisface

Finalmente, debemos creer que Cristo es la única solución para destruir nuestros ídolos. Nuestro problema con los ídolos radica en que tratamos de buscar la satisfacción en otras cosas cuando solo Cristo puede darnos esa satisfacción que anhelamos. Si no entendemos que Cristo es mejor que cualquier ídolo, el matrimonio se puede convertir también en un ídolo. Me impacta la oración que Pablo hace:

«Que el Señor dirija vuestros corazones hacia el amor de Dios y hacia la perseverancia de Cristo» (2 Tes. 3:5).

Perseveramos en Cristo cuando nuestros corazones están cautivados por Su amor. Por eso Pablo pudo decir: «Yo estimo como pérdida todas las cosas en vista del incomparable valor de conocer a Cristo» (Fil. 3:7,8). Todo ídolo tiene que ser eliminado y el único que debe tomar el lugar de un ídolo es Dios. No en vano el primer mandamiento es amar a Dios sobre todas las cosas. Es cierto que uno siente que es imposible amar a Dios por sobre todas las cosas. Sin embargo, esa no es una excusa para rendirnos y no pedir al Espíritu Santo que nos ayude a amarlo de esa manera. Nosotros podemos cultivar un profundo amor por Él al meditar continuamente en el hecho de que Él nos amó primero.

El amor de Dios se ve claramente reflejado en la cruz de Cristo, donde Él dio Su vida por nosotros. Cada ídolo puede ser eliminado cuando miramos fijamente a la cruz. Allí es donde despertamos un amor más fuerte para el Señor y logramos amar a Dios más que a los ídolos; entonces pondremos los regalos de Dios en su lugar correcto dentro de nuestro corazón porque el Señor está en el altar y el trono de nuestra vida. Esto también incluye el amor y el respeto a nuestros cónyuges. En conclusión, no vamos a estar satisfechos hasta que nuestros corazones estén satisfechos en Él.

PREGUNTAS DE APLICACIÓN

¿Qué ídolos puedes identificar que están afectando tu matrimonio?

¿De qué maneras puede fortalecer tu matrimonio el hecho de estar satisfecho en Cristo?

PONER EN PRÁCTICA

- ....
- ....
- ....
- ....
- ....

DÍA 7
Reflexión al final de la semana: lo que creemos es importante

Muchas veces caminamos la vida sin tener un verdadero sentido de dirección. Vamos como barcos a la deriva, llevados por la dirección del viento y de las corrientes. La mayoría de los matrimonios viven de esa forma, como barcos a la deriva que van por la vida sin dirección alguna. La gran mayoría de parejas llegan al matrimonio sin tener dirección bíblica sobre el significado fundamental del matrimonio y las realidades de las luchas que viven dos pecadores que entran en una relación tan profunda, íntima y significativa como el matrimonio.

Este primer bloque del libro presenta principios bíblicos y teológicos necesarios para poder reflexionar acerca de áreas específicas donde debemos crecer en nuestro matrimonio. Necesitamos estos principios para poder orientar las velas del matrimonio de forma correcta y navegar en la dirección que el Señor ha elegido y que le agrada. De nada sirve comenzar a hablar de cómo podemos crecer en la comunicación, cómo podemos mejorar nuestra intimidad sexual, cómo podemos ser mejores amigos, si no estamos llevando nuestro matrimonio en la dirección correcta sobre la base de una carta de navegación y una brújula que se basa en fundamentos teológicos correctos.

En primer lugar, para ir en la dirección correcta debemos tener una cosmovisión bíblica precisa acerca del matrimonio. Ya hemos visto que el fundamento que nos debe motivar es la gloria de Dios. Esto suena fácil, pero es difícil creerlo y ponerlo en práctica. Hasta que Dios no haya dispuesto en nuestro corazón que nuestros sueños, deseos, aspiraciones y expectativas no son más importantes que Su gloria, nuestro fundamento para crecer como pareja no será el correcto.

Sería bueno que tomes un tiempo y medites en lo celoso que es Dios para con Su gloria.

«Yo soy el Señor, ése es mi nombre;
mi gloria a otro no daré,
ni mi alabanza a imágenes talladas» (Isa. 42:8).

Dios no comparte Su gloria con nadie. Su mayor motivador para actuar es Su propia gloria. Con esto no deseo decir que Dios no es movido por Su amor, Su misericordia o Su justicia. Todo el carácter de Dios está obrando en cada una de Sus acciones. Tendemos muchas veces a poner en compartimientos los atributos de Dios; escogemos aquellos que más nos gustan y atribuímos el actuar de Dios solo con base en esa cualidad específica. Sin embargo, Sus atributos se muestran en Sus acciones para reflejar y recibir Su gloria. Para Su gloria, sacó al pueblo de Israel de Egipto. Para Su gloria envió a Su Hijo a morir por Su pueblo. Para Su gloria Cristo resucitó venciendo la muerte. Para Su gloria regresará un día para revertir todos los efectos del pecado. Si Su propia gloria movió a Dios para nuestra redención, la gloria de Dios debe movernos para crecer en santificación y morir a nosotros mismos.

El apóstol Pablo nos muestra que en el evangelio se presenta que Dios nos salva al ver Su gloria en Cristo:

«Y si todavía nuestro evangelio está velado, para los que se pierden está velado, en los cuales el dios de este mundo ha cegado el entendimiento de los incrédulos, para que no vean el resplandor del evangelio de la gloria de Cristo, que es la imagen de Dios. Porque no nos predicamos a nosotros mismos, sino a Cristo Jesús como Señor...» (2 Cor. 4:3-5).

Somos salvados al ver la gloria de Dios en la persona de Cristo, quien es el reflejo de Dios. La gloria de Dios es el reflejo de Su santidad, al Dios ser santo, único, diferente y perfecto hace que Su reflejo sea glorioso. Por eso predicamos el evangelio, porque es la mayor muestra de la perfección de Dios y porque cumple el deseo mayor de Dios de mostrar Su gloria. Tanto es el compromiso de Dios por Su gloria que envió a Su Hijo a salvarnos, y que así esa gloria fuera desplegada.

Cuando entendemos el concepto de que Dios es motivado por Su gloria, la mayoría de nuestras excusas para morir a nuestros deseos por el bienestar de nuestro matrimonio desaparecen. Tu felicidad, tu deseo de realización, tus sueños de una familia «Facebook» mueren porque lo que te motiva es la gloria de Dios. Si tu mayor preocupación es que Dios sea glorificado, entonces te será más fácil mirar tu pecado primero y no el de tu pareja.

Al ubicar la gloria de Dios en el primer lugar de nuestro matrimonio, buscaremos que el evangelio obre de una forma funcional en nuestra relación porque realmente desearemos crecer en santidad y morir a nuestros ídolos. Esto nos impulsa a que veamos en la obra redentora de Cristo no solo aquello que nos salva, sino también aquello que nos da el poder para ser transformados.

Pídele a Dios que siempre tu corazón anhele que Él sea glorificado en todas las áreas de tu vida. El evangelio nuevamente es de suma importancia para poder lograrlo. Antes de la fundación del mundo, Dios orquestó un plan para nuestra salvación en donde Él se lleva toda la gloria.

«Porque por gracia habéis sido salvados por medio de la fe, y esto no de vosotros, sino que es don de Dios; no por obras, para que nadie se gloríe» (Ef. 2:8-9).

La salvación es la mayor demostración de amor de parte de Dios para con Sus elegidos. Su gloria se manifiesta al idear un plan en el que nuestra salvación está en Sus manos. Él mismo decide enviar a Su propio Hijo a pagar por nuestros pecados y redimirnos de la esclavitud de la muerte. Jesucristo va a la cruz voluntariamente y como el sacrificio perfecto; Dios mismo ofreciéndose por nosotros. No solo eso, sino que envía al Espíritu Santo para cambiar nuestro corazón de piedra por uno de carne que lo busque y lo siga, decide morar en nosotros, guiarnos a la verdad y darnos poder para ser Sus testigos. Todo eso produce ¡gloria a Su nombre!, por Su misericordia y Su verdad. Por eso, David llega a cantar así:

> «Mi corazón está firme, oh Dios;
> cantaré, cantaré alabanzas, aun con mi alma.
> ¡Despertad, arpa y lira!
> ¡A la aurora despertaré!
> Te alabaré entre los pueblos, Señor;
> te cantaré alabanzas entre las naciones.
> Porque grande, por encima de los cielos, es tu misericordia;
> y hasta el firmamento tu verdad.
> Exaltado seas sobre los cielos, oh Dios,
> sobre toda la tierra sea tu gloria.
> Para que sean librados tus amados,
> salva con tu diestra, y respóndeme»
> (Sal. 108:1-6).

Si aquello de mayor importancia en tu vida fue logrado de una forma que solo Dios recibe la gloria, cuánto más el propósito de tu matrimonio, que depende de la gracia del Señor, debe ser también la gloria de Dios. Medita en esta verdad, Dios te salvó de una forma tal que solo Él se lleva toda la gloria para que tu vida entera esté dedicada a darle gloria. Por consiguiente, el propósito de tu matrimonio es que Dios sea glorificado. Ningún sacrificio es muy grande para que tu matrimonio sea un instrumento para darle gloria a Dios. Si le hemos estado robando la gloria a Dios al hacer que nuestros matrimonios se fundamenten en nuestros deseos, pues es momento de arrepentirnos y volver a poner al Señor, Su gloria y Su voluntad en el centro. Por medio del evangelio enfoquémonos a vivir para la gloria de Aquel que merece toda la gloria.

PREGUNTAS DE APLICACIÓN

¿De qué formas tus sueños y expectativas impiden que tu matrimonio le dé gloria a Dios?

Escribe áreas específicas de las que debes arrepentirte por haberle robado la gloria a Dios en tu matrimonio.

PONER EN PRÁCTICA

- ....
- ....
- ....
- ....
- ....

Semana 2

Somos uno

DÍA 1
Una sola carne

Hasta ahora hemos visto algunas formas en las que nuestro matrimonio se va deteriorando, pero también hemos apuntado hacia verdades del evangelio que nos ayudan a poder batallar contra esos pecados y que apuntan nuestros matrimonios hacia la gloria de Dios. Hemos hablado acerca de la seriedad del pecado y hemos visto algunas situaciones que permitimos en nuestra relación, pero que son nuestro enemigo.

Sin embargo, lo más maravilloso es que también hemos visto la potestad del evangelio que nos ha permitido y nos ha dado el poder para mirar nuestro pecado y no el pecado del otro. Conocer el amor de Cristo nos ha permitido extender misericordia, tal como el Señor la extendió sobre nosotros, y pasar por alto las faltas de nuestro cónyuge. No hemos estado hablando de meras estrategias para disfrutar de nuestro matrimonio, sino de aquellas cosas que estamos llamados a hacer como cristianos bajo el poder del evangelio. No estamos llamados a vivir para nosotros, sino para la gloria de Dios que se manifiesta en vivir para servir a nuestra pareja.

Es de suma importancia que, cuando estemos trabajando en nuestra santificación, ya sea en nuestro matrimonio o en nuestra vida personal, evitemos el simple impulso de tratar de cambiar nuestro comportamiento sin que haya el respaldo de convicciones bíblicas que guíen ese proceso. Por ejemplo, si tengo múltiples conflictos con mi esposa porque tenemos opiniones contrarias en un tema, ya sea la crianza de los niños, el manejo de las finanzas o algo tan banal como a dónde iremos de vacaciones. Los expertos humanos podrían decir que la solución se encuentra en buscar una forma de llegar a un acuerdo, de encontrar el consenso o simplemente ceder para evitar conflictos y vivir en paz. Todo puede sonar muy práctico, pero no soluciona el problema de fondo.

Por lo tanto, la solución está en tener convicciones bíblicas en esas áreas que nos lleven al arrepentimiento si es que hubiéramos pecado, dejar los patrones de vida no bíblicos y asumir patrones de vida que se sujeten a nuestras convicciones bíblicas.

Muchos de los conflictos que veo como pastor se basan en el pecado atribuido a la independencia de cada cónyuge. Cada uno está convencido de que debe vivir para sí mismo y que el otro debe vivir para hacerlo feliz. Muchos se casan para recibir los beneficios del matrimonio en ellos mismos, pero no están dispuestos a sacrificarse para cumplir el llamado del matrimonio de ser una sola carne.

Muchos hombres nos casamos deseando continuar básicamente con la misma vida de soltero, pero con sexo y atención permanente en la casa. Muchas mujeres desean mantener absoluta independencia, pero con el beneficio de tener a alguien con quien compartir y que las escuche todos los días. Lo que ellos no saben es que el matrimonio bíblico es primeramente un llamado a morir al yo, porque en el momento que el pastor dice «los declaro marido y mujer», un milagro sucede y dos personas se convierten en una sola carne. Lo cierto es que ya no vives para ti, vives para dos que ahora son uno. Ese principio bíblico debe sostener toda la realidad del devenir de un matrimonio cristiano. No solo son palabras religiosas dentro de una ceremonia, son una declaración vital que debe regir la vida desde ese momento en adelante, hasta que la muerte los separe.

El milagro que sucede en esa ceremonia es transformador; dos personas se hacen una. Vemos esto claramente en la declaración dada por Dios en el Edén al unir al primer hombre y la primera mujer.

«Por tanto el hombre dejará a su padre y a su madre y se unirá a su mujer, y serán una sola carne» (Gén. 2:24).

Este pasaje muestra el milagro que sucede en el matrimonio. Dos ahora son uno, ya no son seres independientes, ahora son vistos delante de Dios como una sola entidad. Esto no sucede de forma gratuita. El mismo texto del Génesis nos describe que para que esto suceda hubo algunos sacrificios evidentes de las partes. El hombre entrega una costilla para que la mujer sea creada, y ahora ella es parte de su ser. No es un ser externo, sino que sale de él mismo. La mujer es creada del hombre, y esto muestra la increíble unidad de ambos entes que se convierten en una sola carne. Eso mismo sucede el día del matrimonio en que los hombres entregamos nuestra costilla para que la mujer con la que nos casamos sea parte de nosotros mismos. Somos una sola carne.

La mujer, al salir del hombre, muere a su independencia y de forma voluntaria se somete al liderazgo del hombre en una relación bíblica. Ella viene a ser ayuda idónea, muere a sus sueños individuales, y ahora se encamina por los sueños del matrimonio liderado por su esposo. Todo esto mostrará que son una sola carne.

Vemos esta misma unidad presentada por el apóstol Pablo en su carta a los efesios:

> «Así también deben amar los maridos a sus mujeres, como a sus propios cuerpos. El que ama a su mujer, a sí mismo se ama. Porque nadie aborreció jamás su propio cuerpo, sino que lo sustenta y lo cuida, así como también Cristo a la iglesia; porque somos miembros de su cuerpo» (Ef. 5:28-30).

Este pasaje nos muestra que el amor por nuestras esposas deber ser como amarnos a nosotros mismos porque al amarlas nos estamos amando a nosotros mismos porque somos una sola carne. La verdad es que ahora somos uno, no somos dos. Por lo tanto, amar a mi esposa es amarme a mí mismo.

Si alguien debe saber cómo amar a otros, esos son los cristianos. Los que somos creyentes somos parte de una relación similar a la del matrimonio, donde morimos a nosotros mismos para ser parte de otro cuerpo. Ese cuerpo es la Iglesia. Los que hemos sido redimidos por Jesucristo ya no vivimos para nuestro bienestar, sino que vivimos para el bienestar de ese cuerpo del cual somos parte. Cuando amamos la Iglesia nos estamos amando a nosotros mismos, y cuando amamos a nuestras esposas nos estamos amando a nosotros mismos.

Cuando no nos ponemos de acuerdo en la toma de decisiones, cuando vemos las cosas desde una perspectiva distinta, siempre debemos volver a esa verdad de la que hemos estado hablando hasta ahora. Ella o él no es mi enemigo, somos una sola carne. Dios me unió de forma milagrosa a mi cónyuge y ahora no soy independiente, ahora vivo en unión con él o ella. Por eso es importante que observemos nuestra vida y que descubramos las áreas de nuestro matrimonio en donde estamos siendo independientes. Donde descubras ese pecado, arrepiéntete y vuelve a establecer la unidad perfecta establecida por Dios.

Quizás pienses que tu opinión es mejor. Tal vez estás dispuesto porque crees que es más conveniente para ambos tomar decisiones sin contar con la perspectiva del otro. Quizás exista la posibilidad de que le estés escondiendo cosas a tu pareja para evitar conflictos. Es importante que recuerdes que no estás solo, tu cónyuge es uno contigo, y ustedes son uno con el Señor.

La verdad de esa unidad debe gobernar las decisiones de tu corazón. Hasta que entiendas la realidad de que estás unido a otro, siempre tratarás de vivir de forma independiente y para tu gloria. El rendirnos a vivir en independencia trae gloria a Dios porque morimos a nuestros deseos egoístas y reflejamos el carácter de Cristo al dedicarnos a servir a otros. Pablo pone este principio en evidencia cuando dice:

«Haya, pues, en vosotros esta actitud que hubo también en Cristo Jesús, el cual, aunque existía en forma de Dios, no consideró el ser igual a Dios como algo a qué aferrarse, sino que se despojó a sí mismo tomando forma de siervo...» (Fil. 2:5-7).

El evangelio nos muestra el ejemplo de Jesucristo. Si seguimos Su actitud, no nos aferraremos a nada, sino que, por el contrario, nos entregaremos a otros por medio del servicio. El matrimonio es el laboratorio perfecto para crecer en santidad en esa área. El principio descansa en morir al individualismo y tomar una actitud de servicio a nuestra pareja. Ya no todo se trata de mí, ni mi agenda, ni mis preferencias; ahora somos dos caminando como uno.

Como ya lo hemos dicho, uno de los problemas principales en la relación matrimonial es que nos casamos por los beneficios personales de la unión, pero no estamos en la disposición de morir a nosotros para servir al otro. Hasta que no muramos a nosotros mismos, a lo que pensamos que son nuestros derechos, no vamos a glorificar a Dios de forma personal en nuestro matrimonio. Las parejas en las que ambos cónyuges traen gloria a Dios son aquellas en los que ambos mueren a sí mismos para servir al otro.

Veamos varias formas en que estos principios deben trabajar en el matrimonio.

Necesitamos las perspectivas del otro

Cada vez que vamos a tomar decisiones, cuando tenemos que darle dirección a alguna área de la vida familiar, ¿pensamos que necesitamos la perspectiva de nuestro cónyuge? Creo que en la mayoría de los casos se piensa al revés porque vemos a nuestro cónyuge como un enemigo que impide que podamos lograr lo que queremos. Vemos que su perspectiva de la situación no es igual a la nuestra, y eso la convierte en una declaración de guerra contra nuestra independencia y supuesta sabiduría. Les voy a compartir dos ejemplos personales.

Yo soy una persona que me considero pragmática porque intento tomar la mayoría de las decisiones basado en los hechos y sin tomar muy en cuenta las emociones ni sentimientos. Por otro lado, mi esposa es más movida por las emociones. Cuando tenemos que atender situaciones difíciles de nuestra familia extendida podemos estar tentados a entrar en conflicto ya que nuestras primeras reacciones están siempre guiadas por nuestras personalidades. Yo tenderé a mirar los aspectos prácticos de la decisión, los costos de involucrarnos en tal ayuda, si debemos involucrarnos o no en la situación. Mi esposa estará más inclinada a considerar los aspectos emocionales, que ellos nos necesitan, que son familia. De seguro se han dado cuenta que esas dos perspectivas pueden encontrarse y entrar en batalla. Sin embargo, si no nos vemos como individuos en una relación, sino que nos vemos como uno, podemos ver que nos necesitamos mutuamente para resolver la situación de la mejor manera. Yo necesito ajustar mi perspectiva fría con el impulso de misericordia de mi esposa. Kathy necesita mi perspectiva más pragmática para equilibrar su lado emocional y que juntos podamos tomar la decisión más sabia. Ya que somos uno, necesitamos uno del otro para movernos juntos, y necesitamos continuamente la ayuda complementaria de la perspectiva del otro.

La disciplina de los niños puede ser otra área donde Kathy y yo podemos tener perspectivas diferentes. Por la gracia de Dios, ambos tomamos en serio el llamado de instruir y disciplinar a nuestros niños. Ambos somos activos en ese llamado diariamente. Mi esposa pasa más tiempo con ellos, por lo que ella puede sentir una mayor carga del peso de la crianza y llegar a sentirse ansiosa al tener que corregirlos con más frecuencia. En cambio, yo interactúo más con ellos por las noches y no estoy tan consciente de sus debilidades. Por eso, les doy más oportunidades de las que debería cuando fallan en algo. Kathy puede estar más ansiosa con la crianza y yo, en ocasiones, puedo ser muy relajado y dejar pasar las cosas. Nuevamente ambos necesitamos uno del otro en esta tarea tan importante. Yo necesito estar atento a los comentarios de Kathy en esta área ya que ella pasa más tiempo con los niños, y no debo simplemente juzgarla cuando está ansiosa. Por otro lado, Kathy también debe estar atenta a mis comentarios sobre tomar las cosas con más calma y ser un poco más paciente en ocasiones con los niños. Ambos entendemos la doctrina del pecado y nuestras propias debilidades, pero también reconocemos que las diferencias con nuestro cónyuge son áreas que nos fortalecen y complementan, además que estamos abiertos a ser ajustados en nuestra perspectiva porque sabemos que lo necesitamos.

En lugar de batallar por defender nuestras perspectivas como si fueran la única verdad absoluta, creceremos en unidad al ver que Dios nos unió de forma soberana con nuestras parejas para que nos complementemos y aprendamos unos de otros. Nuestras esposas son nuestra ayuda idónea. La tarea de los esposos es liderar con sacrificio y juntos caminar en unidad para la gloria de Dios. No nos dejemos llevar por la mentira satánica de la independencia. Ya hemos aprendido que en el Edén la independencia de Adán y Eva los llevó a la caída. Cuando Satanás tentó a Eva, ella debió haber buscado la protección de su esposo y, a la vez, Adán debió haber salido al rescate de su esposa. Por eso es que peleamos contra la mentira del diablo que nos insinúa que es mejor caminar en independencia y no caminar día a día en unidad perfecta con nuestra pareja. El que Cristo sea uno con la Iglesia nos debe impulsar a ser uno con nuestro cónyuge. Tan cierto como Cristo es uno con Su novia, es que los que estamos casados somos uno en el matrimonio.

Preguntas de aplicación

Identifica áreas en las que eres independiente en tu matrimonio y arrepiéntete de ellas buscando cómo crecer en unidad.

⌣

Piensa en áreas de fortaleza de tu pareja en las que no estás reconociendo la necesidad de su opinión porque puede diferir contigo.

Poner en práctica

- ....
- ....
- ....
- ....
- ....

+ el amor en unidad:

DÍA 2
Unidos para servirnos

Tengo más de una década en el ministerio pastoral y todavía estoy esperando el día en que un matrimonio busque recibir consejería porque están teniendo conflictos debido a que cada uno desea servir al otro. Cuánto quisiera que la esposa llegue molesta porque su esposo solo desea servirla y que eso ya la tiene cansada. Yo le preguntaría: «¿Por qué te molesta tanto?». Y que ella responda: «¡Porque no me deja servirlo tanto como yo quisiera!». Lo más común es que los conflictos que llegan a mi oficina se resuman en todo lo contrario, esposos y esposas que desean que los sirvan y demandan ser servidos.

Entiendo que esa consejería imaginaria que les acabo de presentar nunca pasará. Las parejas que tienen una mentalidad bíblica no verán como un problema el esforzarse por servirse el uno al otro. No solo eso, aun permitir que el uno pueda servir al otro es una forma de honrar el llamado a morir a nosotros mismos. Servirnos mutuamente no es tan solo un llamado bíblico dentro del matrimonio, sino que es una de las partes esenciales de la unidad matrimonial. El servirnos en el matrimonio es comunicar de forma práctica que somos uno. Pablo lo explica de la siguiente manera:

> «Así también deben amar los maridos a sus mujeres, como a sus propios cuerpos. El que ama a su mujer, a sí mismo se ama. Porque nadie aborreció jamás su propio cuerpo, sino que lo sustenta y lo cuida, así como también Cristo a la iglesia; porque somos miembros de su cuerpo. Por esto el hombre dejará a su padre y a su madre, y se unirá a su mujer, y los dos serán una sola carne» (Ef. 5:28-31).

Este pasaje nos enseña que los esposos aman y sirven a sus esposas como si lo hicieran para ellos mismos. Los esposos están llamados a servir de forma sacrificial a sus esposas. En términos prácticos, estamos llamados a dejar nuestros propios intereses por el bienestar de la esposa que Dios nos ha provisto. El amor de los esposos por sus esposas se demuestra en que ellos están dispuestos a hacer el máximo sacrificio por ellas, dando sus propias vidas por su bien. Este es un tema reflejado en toda la Biblia y que en Efesios se ilustra con absoluta claridad. Un autor lo explica de la siguiente manera:

> «En el Antiguo Testamento la imagen del matrimonio era usada para enseñar la relación de pacto entre Jehová y Su pueblo Israel. Jesús tomó esta enseñanza y la refirió a Él y Su novia».[1]

Es importante señalar que esa relación no se aplica solamente a Jesús y Su novia, sino también a los matrimonios, los cuales están llamados a mostrar esa relación del pacto en su convivencia diaria, dando sus vidas por el bienestar de sus parejas.

Desobedecer este mandato que nace del mismo evangelio, resultará en perjuicio de la relación. Cuando no nos servimos a nosotros mismos, al final resulta en nuestro beneficio porque, de acuerdo con el diseño de Dios, servir a nuestras esposas es servirnos a nosotros mismos. Podría sonar como un argumento egoísta: «sirve a tu esposa para que te sirvas a ti», porque es como si detrás estuvieras pensando así: *La ayudaré un poco en la limpieza para que me deje tranquilo y pueda ver el juego de fútbol.* Sin embargo, no se trata del argumento bíblico, sino de que detrás hay una motivación egoísta.

------

1. O'Brien, P. T. (1999). *The Letter to the Ephesians* [La epístola a los Efesios] (pp. 419–420). Grand Rapids: W.B. Eerdmans Publishing Co.

Lo que la Biblia presenta con absoluta claridad es una realidad espiritual que el Señor confirma: servimos a nuestras parejas porque somos uno. O'Brien nos dice: «Este llamado es la aplicación del segundo mandamiento; "Amarás a tu prójimo como a ti mismo" (Lev. 19:18), en una forma directa señala que el esposo debe amar a la esposa como a su prójimo más cercano».[2]

Si estamos llamados a amar a nuestro prójimo, cuánto más debemos amar y dar nuestras vidas por nuestra propia carne. Muchas veces ponemos la excusa de no servir y amar a nuestras parejas porque el servicio depende de nuestras emociones. Algunos dicen: «Ya no la amo; no siento estar con ella», y cosas similares. La Biblia no nos enseña que el servicio depende de nuestras emociones o nuestro estado de ánimo. Por el contrario, nos dice que servir es un mandato, que estamos obligados a amar a nuestras parejas. Por el pacto que hicimos en nuestra boda estamos unidos hasta la muerte, y si no «sientes» servir a tu esposa porque sientes que no la amas, por lo menos sírvele como tu vecina más cercana.

El amor es un acto de la voluntad donde decidimos buscar el mayor bien de la otra persona por sobre el nuestro. En otro capítulo hablamos de cómo cultivar emociones que estén en paralelo con ese amor. No olvidemos que la Biblia presenta claramente que para amar a alguien no tienes por qué sentir emociones. Entonces, ¿cómo amamos? En la práctica, una de las formas más claras de amar a otras personas es sirviéndolas, siendo siervos que buscan el bienestar de la otra persona sobre el nuestro. ¿Deseas crecer en amor por tu pareja? Lo repito, una de las formas más palpables de amar a otros es sirviendo, buscando el bienestar del otro al hacer que las cargas del día a día sean más livianas producto de nuestro apoyo.

2. Ibíd., p. 426

Es interesante señalar que cuando pensamos en servir a otras personas, lo que viene a nuestra mente son tareas físicas. Quizás pensamos en ayudar en la limpieza o traer una bebida fría cuando estamos disfrutando de un tiempo juntos. Y aunque servir incluye ambas cosas, es mucho más que eso. Vivir en un mundo que vive bajo los efectos del pecado se convierte para el creyente en una carga. Deseamos aliviar esa carga al servirnos el uno al otro y hacer que vivir en esta tierra sea más liviano hasta que seamos redimidos. Debemos desear que nuestros cónyuges vivan aliviados porque nosotros les servimos de tal manera que su vida se hace más liviana al tomar algunas de sus cargas.

«Hermanos, aun si alguno es sorprendido en alguna falta, vosotros que sois espirituales, restauradlo en un espíritu de mansedumbre, mirándote a ti mismo, no sea que tú también seas tentado. Llevad los unos las cargas de los otros, y cumplid así la ley de Cristo» (Gál. 6:1-2).

Una de las formas principales en que servimos al otro es deseando el crecimiento espiritual de la persona que Dios nos ha dado como cónyuge. Le servimos al orar por ella; le servimos al animarle en su caminar como creyente; le servimos al señalar su pecado, pero de una forma llena de gracia; le servimos cuando modelamos el evangelio con nuestras propias vidas. La forma principal en que le servimos es dándole vigor espiritual a nuestro matrimonio. Cuando el servicio espiritual está funcionando, las otras formas de servicio saldrán de forma natural.

Kathy es un ejemplo de servicio espiritual para mi vida. La consistencia en su vida devocional es de ánimo persistente para mí. Cuando he estado desanimado, falto de vigor espiritual, ver a Kathy teniendo con fidelidad su tiempo devocional me ha animado a continuar batallando. Muchas veces puedo recordar que desperté sin el menor deseo de abrir mi Biblia, ya sea por problemas en la iglesia o simplemente porque no me gustó el sermón que prediqué el día anterior. Pero basta ver a Kathy con su taza de café y su Biblia en algún rincón de nuestro hogar, para que me anime a hacer lo mismo. No se trata de alguna forma de legalismo y menos de una competencia entre nosotros, sino que ella me sirve al modelarme su amor por el Señor y me impulsa a amarlo de la misma manera.

Para poder servir de esta forma, tenemos que creer y hacernos responsables de los votos que pronunciamos delante de Dios en el día de la boda; un milagro sucede y ahora somos una sola carne. Por lo tanto, mi interés ya no es simplemente individual, sino es el de la unidad de dos personas que ahora son una sola carne. La motivación de servir no es una estrategia para ganar ventaja y así obtener lo que queremos a costa de la otra persona. Si tenemos esa mentalidad, solo crearemos más conflictos a largo plazo. El día que no consigues lo que deseas vas a entrar en conflicto por obtenerlo.

Supongamos que estás ayudando a tu esposa con la maratónica tarea de poner los niños a dormir. Nunca lo habías hecho, pero escuchaste en alguna prédica motivacional que, si ayudas a tu esposa con alguna tarea del hogar, ella estará más contenta contigo. Digamos que haces esto por dos semanas y comienzas a sentirte orgulloso de lo buen padre que eres, piensas que te mereces un premio por ser un padre tan excelente.

Tus amigos del trabajo te dicen que van a ir a un juego de fútbol donde un equipo famoso jugará contra el seleccionado nacional de tu país. Le comentas a tu esposa que quieres ir con tus amigos y en ese momento ella te recuerda que esa noche tienen un compromiso familiar. ¿Cómo reaccionas? Pues dices que irás de todas maneras y le sacas en cara que has ayudado por dos semanas en la tarea de acostar los niños. Tan pronto como no obtengas lo que deseas, la motivación de tu corazón saldrá a relucir. El servicio que haces a tu esposa se revela como algo para servirte a ti mismo y no para servir al matrimonio que es una sola carne. Lo que debemos aprender es que cuando sirves en la tarea de acostar a los niños, estás sirviéndote a ti mismo porque estás sirviendo al matrimonio.

Hablemos un poco de la intimidad. Creo que Kathy y yo disfrutamos de una intimidad saludable. Sin embargo, ha habido ocasiones, por diferentes razones, en que puede pasar un tiempo (más de una semana) sin tener intimidad. Puede ser que alguno ha estado enfermo, de viaje o simplemente la vida se ha complicado y no hemos podido tener intimidad con la frecuencia que quisiéramos. Cuando esos días pasan, tiendo a comunicarle a Kathy mi deseo de poder estar juntos porque la amo, para expresar nuestra unidad, pero también para ayudarme en mi batalla contra la lujuria. Es muy posible que luego de conversar determinemos que una de esas noches vamos a sacar un tiempo para poder estar juntos. Sin embargo, cuando llega la noche, Kathy me dice que ha tenido un día horrible y que está física y mentalmente drenada. Yo sé el día que ha pasado y la veo cansada, sé que lo último que está en su lista de cosas por querer hacer es estar conmigo de manera íntima.

No puedo negar que esos momentos son difíciles para mí porque deseo estar con ella. Entonces comienza una batalla entre mi carne y mi deseo de servir a mi esposa. En esos momentos mi impulso es decirle: «Recuerda 1 Corintios 7 donde Pablo anima a no negarnos mutuamente». Aunque el texto es correcto, no es para ser usado como un elemento manipulador egoísta. Por la gracia de Dios, en la mayoría de las ocasiones medito en nuestra unidad como pareja, recuerdo que la intimidad física es un reflejo de esa unidad y que no es únicamente un fin para satisfacerme físicamente. Muchas veces le digo: «Bebé, si estás cansada, no te preocupes; siempre tenemos el día de mañana».

Es interesante señalar que casi siempre, en ese caso y en muchos otros en que me niego a mí mismo y la sirvo, eso la ayuda a Kathy para servirme. Expresarle mi deseo de servirle la motiva a servirme. Tengo que decirle cómo pienso servirle, no para tratar de manipularla para que luego haga algo por mí, como tener intimidad. En ocasiones ella ha aceptado la oferta y yo felizmente le sirvo. Lo que quiero decirles es que no se trata de nosotros, sino de que somos uno. Mi deseo final no es buscar mi propio beneficio, sino el beneficio de ambos. Cuando los dos tenemos esa mentalidad, la unidad del matrimonio será mayor por la gracia de Dios.

Debemos sentir que somos uno para poder servirnos de esa forma. Tenemos que creer que dejamos a nuestros padres y que ahora somos una sola carne. La vida deja de enfocarse únicamente en mis prioridades individuales y gustos, sino que ahora considera nuestras prioridades y nuestros gustos. La expresión «nosotros» se convierte en singular en el matrimonio porque dos son uno. Por eso es que nos servimos el uno al otro, porque al final estamos sirviendo al matrimonio, que no es una sociedad de dos personas, sino una entidad donde dos personas son fundidas en unidad por el mismo Dios.

La realidad es que todo matrimonio es una sola carne. No importa si la pareja está compuesta por creyentes o no, los votos matrimoniales nos hacen una sola carne. La manera en que podemos vivir esa unidad de la forma más completa, es cuando la verdad del evangelio nos une aun más profundamente. Cuando vemos la unidad que tenemos con Cristo por Su gracia, eso nos motiva a vivir en todas sus dimensiones la realidad de la unidad que tenemos en Dios quien nos hizo una sola carne.

Los matrimonios cristianos deben ser aquellos que entienden la unidad en una sola carne como algo que se aplica a la forma que se vive como pareja. No debemos comenzar pensando simplemente «somos uno», pues vivamos como tales. Debemos comenzar meditando primero en nuestra unión con Cristo. Ya hemos experimentado lo que es vivir en unidad con otro y el sacrificio que debemos hacer el uno por el otro. Al estar unidos con Cristo vemos que Él nos sirvió al dar Su vida por nosotros. Es con base en esa obra que Pablo nos pide que seamos como Cristo, porque por medio del evangelio hemos experimentado el mayor servicio que alguien nos pudiera dar.

> «Haya, pues, en vosotros esta actitud que hubo también en Cristo Jesús, el cual, aunque existía en forma de Dios, no consideró el ser igual a Dios como algo a qué aferrarse, sino que se despojó a sí mismo tomando forma de siervo, haciéndose semejante a los hombres. Y hallándose en forma de hombre, se humilló a sí mismo, haciéndose obediente hasta la muerte, y muerte de cruz» (Fil. 2:5-8).

Mirando cómo Cristo nos ha servido, al librarnos de una condenación eterna, entonces podemos servir en nuestros matrimonios reflejando la realidad de que somos uno. Recuerda la razón por la que Cristo se dio por ti; no olvides que tenemos esperanza de perdón por nuestro egoísmo y la esperanza de poder crecer y servir como Él nos sirvió a nosotros.

PREGUNTAS DE APLICACIÓ

Piensa en momentos específicos en lo
que eres una sola carne con tu cónyu
seguir el ejemplo de Cristo para que te ayuc
motivación a servir a tu cónyuge.

- *momentos difíciles.*

-

-

¿De qué forma práctica la unión con Cristo nos ayuda
a servir a nuestra pareja?

- *comunion y paz en el matrimonio*

Piensa en tres formas en que tu pecado te impide servir
en tu matrimonio de una manera más efectiva. ¿Cuáles
son y cómo combatirlas de modo eficaz?

PONER EN PRÁCTICA

- ....
- ....
- ....
- ....
- ....

DÍA 3
Perdonados para perdonar

«Mala mía» es una frase muy caribeña. Es una manera en que uno se disculpa sin tener que realmente pedir perdón. Un famoso cantante de salsa hizo conocida una frase que decía «perdona *sae*»; más que pedir perdón, la frase cuestiona la razón del ofendido para ofenderse. Vivimos en una cultura donde, por la multiplicidad de los medios sociales, la tentación de decir palabras ofensivas sin medir las consecuencias se ha multiplicado de forma exponencial.

Los cristianos estamos llamados a ser cuidadosos y precisos con lo que decimos, velando para que no seamos malinterpretados. Un matrimonio que se descuida se convierte en un terreno fértil para el crecimiento de palabras ofensivas. No solo se trata de frases insultantes, sino también de miradas de desprecio o muecas de desaprobación. Es fácil que nuestra comunicación lleve consigo alguna ofensa a nuestra pareja. Después de todo, la Escritura enseña que vamos a rendir cuentas por cada palabra que digamos con nuestra boca (o que escribamos con nuestro teclado) (ver Mat. 12:36). El peligro de ofender es latente entre pecadores. Por eso, cuando pecamos contra alguien, incluido nuestro cónyuge, estamos llamados a pedir perdón sin retraso.

¿Qué significa pedir perdón?

El significado y el valor de pedir perdón ha cambiado en nuestros días. Ya no tiene el mismo peso que se supone que debería tener. Por ejemplo, una celebridad puede hacer comentarios ofensivos o racistas y si se arma un escándalo en su contra, simplemente resuelve la situación diciendo que no fue su intención y pide disculpas por «si ofendió» a alguien. Usamos frases como «mala mía» para disculparnos, pero sin realmente adueñarnos o tomar responsabilidad de la falta.

Lo que se ha perdido es una cosmovisión bíblica o un entendimiento completo de lo que significa pedir perdón en la Escritura. Muchas parejas prefieren guardar silencio, ignorar la ofensa y retomar la relación como si nada hubiera pasado cuando los ánimos ya se han calmado. Este tipo de comportamiento es contrario a la Escritura que nos manda que pidamos perdón si hemos pecado contra alguien, cuánto más si esa persona es nuestra esposa o esposo.

Desde el punto de vista bíblico, siempre debemos pedir perdón cuando hemos pecado contra alguien (Col. 3:13). Pedir perdón está ligado a una aceptación de culpa, seguido del arrepentimiento. No es algo que queda resuelto cuando decimos «perdóname si te ofendí», lo cual pareciera sugerir que piensas que no hiciste algo incorrecto. Ese «si» condiciona y cambia toda la idea. Esa no es una visión bíblica del perdón. Lo que estamos diciendo es que no debes ofenderte, y la razón es que hemos minimizado el pecado porque ya no tenemos una definición bíblica del mismo. Realmente pensamos que podemos pecar contra otros y no es necesario pedir perdón.

Es de gran importancia usar un lenguaje bíblico al resolver conflictos. Por ejemplo, en mi familia no decimos «tengo estrés», sino «estoy ansioso». El primero supone que el problema es externo a uno, pero la ansiedad es un pecado en la Biblia del que debemos arrepentirnos. Mi esposa Kathy y yo hemos aprendido ser intencionales con nuestras palabras. Nunca decimos «no era mi intención decir eso» porque nuestras palabras revelan lo que está dentro de nosotros (Mat. 12:34).

Las palabras son objetivas y nos permiten determinar con claridad si lo dicho puede ser ofensivo. Entonces, en el preciso instante en que decimos «no era mi intención», deberíamos dudar de nuestras intenciones y observar si es que realmente nuestras palabras fueron ofensivas dentro del contexto, tono y momento en que fueron compartidas.

Creo que hay dos posibles escenarios que podemos enfrentar al entrar en un conflicto de palabras. El primer escenario se da cuando las palabras compartidas son claramente ofensivas. En este caso, el que habló mal debe reconocer su pecado y pedir perdón. El segundo escenario se da cuando la persona se ofende por palabras que realmente no son ofensivas. En tal caso, el supuesto ofensor no tendría que pedir perdón, y el ofendido debe dejar su ofensa (Mat. 18:15-17; Gál. 6:1).

Existen pecados muy evidentes, como el adulterio o la estafa. En estos casos debemos confrontar el pecado directamente. Sin embargo, hay otras situaciones que no son tan claras, especialmente en temas relacionados con la comunicación. En esos casos, el ofendido debe ir con la persona que se ha sentido ofendida y aclarar la situación. De no resolverse, nuestro Señor Jesucristo nos anima a buscar la ayuda de otras personas (Mat. 18:15-20). Por su parte, Pablo nos aconseja buscar jueces en la iglesia que resuelvan la situación (1 Cor. 6). Existen métodos bíblicos que ayudarán a resolver el problema y a poder determinar si en realidad hubo pecado o no.

La necesidad de la empatía

Existe también un tercer escenario. Aunque no hubiera pecado por parte de la persona que habló, sí pudo haber generado un conflicto en la persona que se sintió ofendida. Es posible que las palabras mismas no fueran pecaminosas, pero tal vez la persona no tuvo la sabiduría para saber cómo o cuándo decirlas.

En esos casos no se hace necesario pedir perdón, pero sí se requiere de empatía por parte de la otra persona. ¿Quién no le ha dicho a su cónyuge algo justo en un momento inoportuno? Quizás ella tuvo un día largo y difícil con los niños. Yo llego apurado porque tengo que salir a una reunión y, sin mediar la menor intención por saber cómo fue su día, le pregunto: «¿Cuándo estará la comida?». Ella rompe en llanto de inmediato. No me enojo por su reacción, sino que busco entenderla, y por eso conversamos. Entonces ella puede ver que yo no pretendo ser exigente en esa área y que de verdad necesitaba saber cuándo iba a comer para poder planificar mi tiempo. No tengo que pedirle perdón por mis palabras, pero sí puedo decirle: «Lamento que este incidente te haya afectado». Creo que hubiera sido mejor preguntarle: «¿Cómo estás?», antes de pensar en la comida, y claro que puedo disculparme por eso. Aunque no hubo pecado ni necesidad de pedir perdón, sí puede haber un claro sentido de empatía con la persona afectada.

Perdonar porque hemos sido perdonados

¿Por qué complicarnos la vida? ¿Por qué tomar tan en serio las ofensas que cometemos o se cometen contra nosotros? El camino que parece ser más fácil sería ignorar o guardar el resentimiento en silencio. Sin embargo, para los cristianos no existe otro camino para el pecado cometido que pedir un perdón motivado por el evangelio. Jesús nos lo enseña a través de la parábola de los dos deudores (Mat. 18:23-35). El mensaje es sencillo: aquellos que hemos sido perdonados de una gran deuda, perdonamos las deudas que otros tienen con nosotros. Nosotros tomamos en serio el pecado, las relaciones y la santificación del cuerpo de Cristo. Nuestro Señor ha dado Su vida para perdonar nuestro pecado, restaurar nuestras relaciones y santificarnos a Su semejanza. Caminar por proceso del perdón de una forma bíblica glorifica a Dios. Además, el perdón bien entendido y aplicado lleva a una verdadera restauración. Si no hay ofensa, igual podemos aclarar a la persona ofendida y hacerle ver que no había razón para ofenderse. Así preservamos la unidad del cuerpo en cualquiera de los casos (Ef. 4:31-32).

Hasta ahora hemos hablado desde la posición del ofensor, pero es importante también evaluar cómo responde la persona ofendida. Es bueno aclarar que no estamos hablando de situaciones excepcionales, sino de situaciones del diario vivir dentro de un matrimonio. Siempre estaremos expuestos a que haya pecados de diferente grado y naturaleza que causan mucho daño en el matrimonio. A pesar de que el ofensor esté dispuesto a pedir perdón y empezar el proceso de restauración, igual es de suma importancia que el ofendido pueda y sepa perdonar.

Una persona ofendida tiene tres opciones. La primera es que puede pasar por alto la ofensa y perdonar sin tener que mencionar la ofensa al ofensor. En ocasiones Kathy puede hacer un comentario o tener una actitud que me ofende, pero si esta actitud no es usual en ella, yo tomo la decisión privada de pasar por alto la ofensa. Kathy no es una persona que se enoja con facilidad. Por eso, si algún día está un poco iracunda, yo paso por alto este comportamiento porque no es un patrón pecaminoso en su vida. Si fuéramos a pedir cuentas por todas las faltas de nuestros cónyuges, nos pasaríamos la vida presentando situaciones que nos lleven a pedir perdón y perdonando. Estoy seguro de que Kathy hace lo mismo conmigo. Cuando pasamos por alto la situación, otorgamos perdón sin tener que dialogar con la persona y nunca traemos el incidente en futuras conversaciones.

La segunda opción es que uno guarde resentimiento. Recibo una ofensa, pero en lugar de pasarla por alto, la guardo en el corazón. Sin embargo, no duden que eso que tenemos guardado saldrá en otro momento y de mala manera en otro conflicto, o simplemente romperá la unidad del matrimonio porque uno de los esposos comienza a endurecer su corazón para con el otro. ¿Has escuchado las historias de parejas que no saben cómo han terminado separados emocionalmente? Lo más probable es que hayan sido esas pequeñas ofensas que se fueron guardando y crearon un gran resentimiento. Además, el resentimiento lleva a constantes batallas por cosas pequeñas que se agrandan por todas las cosas negativas que uno ha ido acumulando. El resentimiento es una ofensa no perdonada que va endureciendo el corazón y, por consiguiente, va destruyendo la relación. La razón que destruye la relación es que el resentimiento frecuentemente va acompañado de amargura que no permite que la persona se relacione de forma saludable.

La tercera opción sería presentar la ofensa y dialogarla. Esto conlleva pedir perdón y recibir el perdón. Cuando pidamos perdón no lo hagamos con una frase corta o solo tratando de crear paz lo más rápido posible. Debe haber un claro reconocimiento de que pecaste contra tu pareja y contra Dios. Al pedir perdón usa un lenguaje bíblico que no suavice el pecado. Por ejemplo, cuando estoy impaciente con Kathy, le pido perdón diciendo: «Perdóname porque pequé al airarme contra ti». Sería más fácil decir: «Disculpa porque tengo un carácter fuerte, o no hablé como debía». El lenguaje bíblico nos hace ver la seriedad del pecado y asumimos toda la responsabilidad del mismo.

El que perdona debe mirar al evangelio y entonces entregar el perdón. Recordemos que debido a que hemos sido perdonados mucho más por Dios, es que podemos extender perdón. Nuestro pecado contra Dios es infinito y Él lo borró a través del sacrificio en la cruz. Por consiguiente, podemos dar gracia a aquellos que han pecado contra nosotros y piden perdón. Cuando alguien pide perdón en mi hogar, el que perdona dice: «Me es fácil perdonarte porque Dios me ha perdonado mucho más a mí».

Estoy escribiendo este capítulo el día que Kathy y yo celebramos 19 años de casados. Estoy sentado en el sofá de la casa mientras observo a Kathy trabajar en algunos temas de la escuela de los niños. La miro con amor, con gozo y con toda la satisfacción que siento por ella. Todo lo que siento no es producto de que nunca pecamos el uno contra el otro. La razón es porque nos hemos perdonado muchas veces. La abundancia de perdón ha cultivado un corazón lleno de amor y confianza del uno para con el otro. Eso solo lo puede hacer el Dios del evangelio. En nuestro matrimonio no hay amargura no porque seamos perfectos, sino porque tenemos un perfecto Salvador que nos ha ayudado a perdonarnos. Si existe amargura en tu matrimonio producto del resentimiento, te animo a que, antes de desear cambiar a tu cónyuge, mires a Cristo y recibas Su perdón para que puedas perdonar.

> «Sea quitada de vosotros toda amargura, enojo, ira, gritos, maledicencia, así como toda malicia. Sed más bien amables unos con otros, misericordiosos, perdonándoos unos a otros, así como también Dios os perdonó en Cristo» (Ef. 4:31-32).

Nunca digamos «mala mía» ni «perdona si te ofendí», sino pidamos perdón y de manera bíblica. A la luz de todos los pecados que Dios nos ha perdonado, nos es más fácil perdonar a los demás. Conociendo que nuestra condición caída requirió el sacrificio del Hijo de Dios, anunciado en el evangelio, sabemos que somos propensos a pecar, por lo que somos prontos en pedir perdón.

Muchos predicadores o gurús de autoayuda nos dicen que debemos perdonar para sentirnos mejor y no cargar con un peso encima. Esa es una razón egoísta para perdonar porque es solo perdonar para sentirnos mejor. La mayor razón bíblica por la que perdonamos es porque hemos sido perdonados de una deuda mayor. Cuando alguien peca contra nosotros está pecando contra un ser finito; por consiguiente, su deuda es significativa, pero finita. Cuando nosotros pecamos, al final, nuestro pecado es contra Dios. Él es un ser infinito y por ende nuestra deuda es infinita, imposible de pagar. Por eso Dios mismo tuvo que tomar nuestro lugar para poder pagar la deuda que tenemos contra Él. Por eso perdonamos, porque Jesús pagó nuestra deuda completa.

Tomemos en serio el perdón. Es algo que fue tan serio para Dios que envió a Su Hijo para que tú y yo fuéramos perdonados y, por consiguiente, perdonemos a otros.

PREGUNTAS DE APLICACIÓN

Identifica áreas en las que es posible que estés guardando resentimiento contra tu pareja. Determina si son áreas que debes perdonar pasando por alto la ofensa o si debes dialogar para resolver la situación.

¿Cómo el evangelio nos ayuda a poder extender perdón cuando han pecado en contra nuestra?

Piensa en áreas de debilidad de tu pareja que, por el poder del evangelio, vas a decidir pasar por alto en lugar de traer constante corrección.

PONER EN PRÁCTICA

- ....
- ....
- ....
- ....
- ....

DÍA 4
Lo mío es tuyo

Hemos estado hablando del tema de la unidad en el matrimonio. La unidad no es un simple concepto abstracto para ayudar a entender las dinámicas matrimoniales. La unidad es una realidad espiritual de la pareja que se obtiene al momento de intercambiar votos el día de su boda. Esa unidad se refleja de muchas formas: la unidad física de la intimidad sexual, la unidad emocional de la amistad y el compañerismo, la unidad material de los bienes compartidos.

Este último aspecto de unidad material genera muchos conflictos en el matrimonio contemporáneo. Cuando somos unidos en matrimonio por el Señor, no deben existir bienes que estén fuera del alcance de ninguno de los cónyuges. Me parece que cada vez más matrimonios existen hoy con división de bienes. Y la razón es la influencia de la sociedad humanista e individualista en la que vivimos hoy en día. Esta filosofía secular se ha adentrado en la Iglesia y hay cada vez más matrimonios que se dicen cristianos, pero que no comparten sus bienes. He conocido parejas que no comparten los autos ni otros bienes personales. Esa es una actitud mundana que no glorifica a Dios.

Uno de los aspectos más importantes que debemos considerar al entrar en una relación matrimonial es la vulnerabilidad. Al contraer matrimonio tú te expones a dar todo lo que eres, tanto emocional como materialmente, a la persona con la que te estás uniendo. Una de las razones por las que hay más divorcios es porque las personas entran al matrimonio con una estrategia de salida. Toman las precauciones necesarias para salir del matrimonio tan pronto como no llene sus expectativas. La división de bienes facilita salir del matrimonio en el mismo momento en que un conflicto no se ve de fácil resolución. Para el creyente esto no debe ser una alternativa porque estamos casados hasta que la muerte nos separe. Las únicas causales para romper el matrimonio son que uno de los miembros abandone el matrimonio (1 Cor. 7) o que uno de ellos cometa adulterio (Mat. 5:32).

Es importante que reconozcamos que una parte esencial del matrimonio es colocarnos voluntariamente en una posición vulnerable, y eso también implica que no debe ser fácil salir del matrimonio. La parte material es solo un reflejo de la completa vulnerabilidad y la disposición a una comunión completa con la que entramos a la relación.

Somos vulnerables físicamente al vernos desnudos frente a nuestro cónyuge y exponer así nuestro estado más íntimo y vulnerable. Una de las razones de tanto énfasis en la perfección física es que no queremos vernos vulnerables. Esos rollos de grasa en el estómago hacen que uno se sienta vulnerable, pero no roba la belleza de dos individuos entregados totalmente el uno al otro.

Somos vulnerables en nuestra área emocional cuando nos entregamos en amor y por completo a nuestra pareja. Entregar nuestro corazón es un acto voluntario en donde esperamos la misma reciprocidad por el resto de la vida. ¡No hay duda de que es un acto de absoluta vulnerabilidad! La Biblia nos llama a amar con una entrega absoluta. Por último, debemos recordar que somos vulnerables en lo material cuando les decimos a nuestros cónyuges que todos nuestros bienes son suyos y que están a su entera disposición.

Todo le pertenece a Dios

Uno de los principios bíblicos que nos ayuda a no ser egoístas con nuestros bienes materiales es la realidad de que todo lo que tenemos no nos pertenece, sino que le pertenece a Dios. Somos mayordomos (administradores) de las cosas que Dios nos ha provisto, no hay nada que tengamos que no le pertenezca. Nosotros solo somos administradores temporales de Sus bienes porque, así como llegamos al mundo, así partiremos (1 Tim. 6:7). Dios es el dueño de todo y, por consiguiente, debería ser fácil compartir las cosas que Él nos ha dado, para administrarlas con la persona que Dios nos ha dado y con quien somos una sola carne. El Señor nos presenta esta realidad en la carta a los Hebreos y en los Salmos, recordándonos que Él lo creó todo, y que todas las cosas tienen que ver con Él:

«Porque convenía que aquel para quien son todas las cosas y por quien son todas las cosas, llevando muchos hijos a la gloria, hiciera perfecto por medio de los padecimientos al autor de la salvación de ellos» (Heb. 2:10).

«Del Señor es la tierra y todo lo que hay en ella; el mundo y los que en él habitan» (Sal. 24:1).

Buen manejo de los recursos: La mayordomía

Ambos textos nos dicen que somos simples mayordomos de lo que Dios nos da de forma individual, hasta que Dios nos une con nuestro cónyuge. Ahora somos comayordomos de lo que Dios provee en la unión del matrimonio. Por eso les repito que hay un principio que no podemos olvidar: los recursos son de Dios. En el matrimonio hay dos personas aportando, pero al final todo es de Dios. El principio de la mayordomía debe gobernar el matrimonio, reconociendo que el fin de todos los bienes materiales es la gloria de Dios.

Recuerdo el día en que nos dieron la llave de la casa en donde vivimos. Joey tenía once meses de nacido y Kathy tenía un embarazo de tres meses de nuestra hija, Janelle. El rostro de Kathy reflejaba el entusiasmo y la expectativa ante todos los recuerdos que íbamos a crear en este lugar provisto por Dios. Le comenté a Kathy: «Estas son cuatro paredes, y es un lugar que Dios nos ha dado para servir a Su reino. Los recuerdos y la familia estarán con nosotros donde Dios nos lleve». No estaba tratando de ser insensible en ese momento, lo que quería decirle a Kathy es que todo lo que tenemos le pertenece a Dios. Esta casa nos la dio el Señor para practicar la hospitalidad, realizar reuniones de la iglesia, consejería de personas y muchas cosas más. Todo lo que Él nos ha dado no es del individuo, no es de la pareja, es de Dios.

Temporadas

Una de las mentiras que nos creemos con frecuencia es que si yo gané algo con el sudor de mi frente, entonces es mío. Cuando ambos cónyuges trabajan, ellos piensan que cada uno puede ir a hacer compras sin consultar con la otra persona, o sin mantener el presupuesto familiar. El pensamiento es: «Yo trabajo, pues yo me lo merezco». Esa es una mentira que nos creemos, pero la verdad es que, desde que nos casamos, trabajamos para el beneficio de la familia y no del individuo. Puede haber temporadas en donde algún cónyuge no trabajará. Quizás el esposo tenga una condición de salud crónica que no le permite trabajar o la esposa decide permanecer en el hogar durante los años de educación básica de los hijos. En ambos casos, los que no trabajan no deben sentir que el dinero que entra es solo del cónyuge que lo produce, y el cónyuge que trabaja no debe sentir que el dinero es solo de su propiedad. Ambos deben tener claro que todo el dinero que entra por cualquiera de los dos no es solo de uno, es de ambos.

Kathy es contadora. Ella tiene una licencia de Contadora Pública Autorizada (C.P.A). Esta licencia es uno de los exámenes profesionales más difíciles de revalidar en Estados Unidos. El año que lo tomó, cientos de personas lo tomaron por primera vez en Puerto Rico. De entre ellos, solo tres pasaron en el primer intento. Kathy fue una de esas personas. Ella desarrolló su carrera contable por siete años, aportando a las finanzas de nuestra familia. Desde el año 2007 decidimos que ella permanecería en casa para cuidar a nuestro hijo Joey y luego a Janelle. Kathy no debe sentir que el dinero que entra no es de ella, y yo no debo pensar que es solo mío. Es de ambos, es para el bien de la familia y para la gloria de Dios. Ella nunca debe sentirse culpable o que no merece gastar en cosas que son para ella o de su agrado porque el dinero que yo gano es su dinero.

Permítanme recalcar que debemos entender que todo lo que tenemos es de ambos. El matrimonio tiene un presupuesto común. Todos los años, en el mes de octubre, trabajamos en el desarrollo del presupuesto familiar con las finanzas que Dios provee. El primer cuadro que llenamos es el de la generosidad, esto incluye el diezmo (creo en este principio, aunque considero que es un tema de conciencia), ayuda a familiares, dinero para misericordia y misiones. Luego están todas las categorías de gastos fijos del hogar. Por último, establecemos porcentajes de ahorro y otras cosas que quisiéramos disfrutar por la gracia de Dios.

Nunca quisiera hacerle sentir a Kathy que las cosas que le importan me tienen sin cuidado y las dejo fuera del presupuesto. Por ejemplo, ejercitarme es importante para mí, para Kathy es importante decorar la casa. Ambos son gastos innecesarios que pudieran sacarse del presupuesto con facilidad. Sin embargo, como el dinero es de ambos, no puedo darle importancia a lo mío y no a lo que es relevante para Kathy. Ambos somos beneficiarios de provisión financiera de Dios, aunque Kathy en este tiempo no aporta con su trabajo al presupuesto familiar.

No ser tacaño, sino disfrutar

Permítanme resumir lo que he dicho hasta ahora:

> Uno de los aspectos que más división trae a los matrimonios es el de las finanzas. Estoy convencido que esa división es producto de que no creemos que todo lo que tenemos le pertenece a Dios y que, por consiguiente, lo que tenemos es provisión de Dios para ambos cónyuges.

Muchos matrimonios cuentan con dos tipos diferentes de personas: uno que le gusta gastar y otro que no le gusta gastar. Ambos se sienten atacados; uno siente que el otro no deja que compre nada y el otro cree que se está malgastando el dinero. Es posible que ambos tengan argumentos bíblicos. Por ejemplo, el que es más moderado va a usar como argumento el ser buenos mayordomos.

Ambos deben aprender a disfrutar de la provisión de Dios sin poner su esperanza en seguir obteniendo cosas.

> «A los ricos en este mundo, enséñales que no sean altaneros ni pongan su esperanza en la incertidumbre de las riquezas, sino en Dios, el cual nos da abundantemente todas las cosas para que las disfrutemos» (1 Tim. 6:17).

Hay un aspecto de gracia común donde Dios provee para nuestro disfrute. Si estamos siendo buenos mayordomos al ser generosos con la misión, cumpliendo nuestras responsabilidades financieras, es un regalo de Dios poder usar dinero para otros disfrutes.

Ambos cónyuges se necesitan el uno al otro. El conservador necesita del otro para poder disfrutar de los regalos de Dios. El gastador necesita del otro para no despilfarrar. Es verdad que el dinero no es tan solo para ser acumulado, pero el que más gasta, necesita del conservador para no dejarse llevar por sus impulsos. Ambos se necesitan para equilibrarse en la mejor forma de usar los bienes provistos por Dios. No debemos ver los bienes materiales y los recursos financieros solo para disfrutarlos, como tampoco debemos tener una obsesión con la avaricia. No hay duda de que necesitamos la ayuda y la sabiduría del otro.

Por ejemplo, Kathy me comentaba que ella le agradece a Dios que yo tomo riesgos y gasto dinero y millas acumuladas en las vacaciones, para que la familia pueda disfrutar buenos tiempos de descanso. Ella dice que al ser conservadora con los gastos, se le haría muy difícil tomar esas decisiones. No obstante, yo también dependo de ella y agradezco por su suma prudencia, ya que ella me ayuda a trabajar el presupuesto para poder saber cuánto podemos usar para esos gastos. No somos enemigos, sino que ambos estamos trabajando para el mismo núcleo familiar.

Usar los bienes para la gloria de Dios

Uno de los principios que debe gobernar el manejo de nuestros recursos es la gloria de Dios. Pablo dice claramente que todo lo que hacemos es para la gloria de Dios (1 Cor. 10:31). Como vimos, este es uno de los aspectos bíblicos más importantes en el matrimonio. El fin principal del matrimonio no es mi satisfacción ni tampoco es alcanzar felicidad. El fin principal y supremo es que Dios sea glorificado a través de la forma en que reflejamos la relación de Cristo y la Iglesia. Por consiguiente, el principio del uso de nuestros bienes no solo es gobernado por el hecho de que todo le pertenece a Dios, sino porque todo lo hacemos para Su gloria. Cada centavo que usamos, cada activo que tenemos finalmente debe traer gloria a Dios.

Por eso es que la generosidad debe caracterizar todo matrimonio cristiano. En primer lugar, debe ser una meta de todo creyente poder aportar a la misión de la expansión del reino de Dios y apoyar sus iglesias locales. No entraremos en discusiones sobre el diezmo, pero el Nuevo Testamento es claro al afirmar que todos los creyentes estamos llamados a ser generosos en el sostenimiento de la obra de proclamación del evangelio.

También debemos ser generosos el uno con el otro. Muchas veces veo matrimonios donde uno de los dos controla los gastos. Él tiene todos los juguetes que desea: consola de juegos, bicicleta de carbón, etc., mientras que ella, a duras penas puede comprar un par de cosas que le interesan o le gustan. Quizás ella envía dinero regularmente a su familia, pero cuando se trata de ayudar a la familia de él, siempre es un problema. Debemos tener un corazón generoso y entender que el dinero le pertenece a Dios y es para la gloria de Dios. Una de las formas principales por las que glorificamos a Dios es mostrando unidad en la forma en que usamos nuestros recursos.

Dios ha dado todo

Si todo le pertenece a Dios y si Él lo ha dado todo por nosotros, entonces podemos ser generosos. El mensaje del evangelio nos entrega la mayor muestra de generosidad de la historia de la humanidad. Dios dio lo más preciado que tenía para que seres pecadores, enemigos suyos, fueran reconciliados con Él.

«Porque si cuando éramos enemigos fuimos reconciliados con Dios por la muerte de su Hijo, mucho más, habiendo sido reconciliados, seremos salvos por su vida» (Rom. 5:10).

Cuando se nos dificulta ser generosos, debemos recordar y meditar con respecto a la generosidad de Dios para con nosotros. Jesús dejó Su trono, dejó la comunión perfecta que tenía con el Padre para ser generoso con aquellos que son Sus enemigos. Esa realidad de gracia para con nosotros debe motivarnos a ser generosos en el caso del matrimonio, considerando que nuestro cónyuge no es nuestro enemigo, sino la persona que estamos llamados a amar con todo el corazón y con todo lo que tenemos. Que la generosidad de Cristo nos ayude a ser generosos.

Preguntas de aplicación

Piensa en áreas en las que, en términos materiales, vives separado de tu cónyuge. ¿Existen artículos, espacios, bienes, cuentas o actividades que no estás dispuesto a compartir con tu cónyuge?

¿Cómo el evangelio nos motiva a ser generosos?

Poner en práctica

- ....
- ....
- ....
- ....
- ....

DÍA 5
Sufrimos juntos

La unidad de un matrimonio se ve muy afectada con el sufrimiento. Muchos se casan con la esperanza de que vivirán un cuento de hadas por siempre. Por eso, cuando comienzan a experimentar sufrimiento, no saben cómo manejarlo y el matrimonio entra en problemas. He sido testigo de que el sufrimiento puede destruir o puede unir un matrimonio. Por ejemplo, la pérdida de un embarazo, la muerte de un niño, tener que cuidar por un periodo extendido a un familiar enfermo, tensiones frecuentes en las relaciones con otros familiares o problemas de la iglesia local son terreno fértil para el sufrimiento.

Como ya lo he dicho, todo sufrimiento tiene el potencial de destruir o de unir a un matrimonio. No se puede creer que el sufrimiento es algo por lo que nunca pasaremos. Por el contrario, necesitamos tener una teología correcta del sufrimiento para que cuando este llegue, podamos sufrir juntos y que no terminemos separándonos producto del dolor inesperado.

La Biblia nos enseña que vivimos en un mundo caído, donde todos experimentaremos diferentes tipos de sufrimiento. En nuestra iglesia estudiamos una oración de Pablo por la iglesia de Tesalónica. Pablo afirma en esa oración que las persecuciones y aflicciones son una señal positiva de nuestra participación en el reino de Dios.

«Por lo cual nosotros mismos hablamos con orgullo de ustedes entre las iglesias de Dios, por su perseverancia (firmeza) y fe en medio de todas las persecuciones y aflicciones que soportan. Esta es una señal evidente del justo juicio de Dios, para que sean considerados dignos del reino de Dios, por el cual en verdad están sufriendo» (2 Tes. 1:4-5, NBLH).

También hemos estado meditando sobre una gran cantidad de versículos bíblicos del Nuevo Testamento que hablan de la realidad de que vamos a sufrir. Es increíble pensar que muchos predicadores enseñan un mensaje que promete no tener pruebas, cuando el Nuevo Testamento está lleno de pasajes que afirman la presencia de las mismas (comp. Mat. 19:28-30; Juan 21:18-19; Hech. 9:15-16; Heb. 10:32-33, 39; Rom. 5:3-5; Sant. 1:2-4; Fil. 1:27-29; Hech. 5:41; 2 Cor. 1:3-7; 2 Cor. 4:16-18; Heb. 12:3-4; 1 Ped. 4:12-16; Rom. 8:18).

La realidad teológica es que vivimos en el tiempo del «ya pero todavía no». Vivimos en un momento escatológico (del fin de los tiempos) donde el reino ya ha sido iniciado, pero no está completamente consumado. Cristo ya venció en la cruz, pero Su victoria será completa cuando venga en el día del juicio final y establezca la Nueva Jerusalén, en donde ya no habrá ningún tipo de sufrimiento.

Nos sorprende el sufrimiento

Uno de los retos que vivimos en el mundo actual es que la gracia común por medio de la tecnología ha disminuido el sufrimiento a nuestro alrededor. Ya no experimentamos tantas muertes de niños, los avances de la medicina han extendido la expectativa de vida, los adelantos de agrimensuras han dado mayor acceso a alimentos, y (en países como Estados Unidos) vivimos en un nivel de lujo como nunca en la historia.

Hoy estamos muy poco acostumbrados a la dificultad y al dolor. Vivimos en la era de los microondas y los analgésicos, donde todo es rápido, fácil de conseguir y parece que cualquier dolor es fácil de eliminar. Por eso se nos hace difícil poder decir «¡Amén!» cuando alguien lee lo que el apóstol Pedro dijo hace dos mil años:

«Amados, no se sorprendan del fuego de prueba que en medio
de ustedes ha venido para probarlos, como si alguna cosa extraña
les estuviera aconteciendo. Antes bien, en la medida en que comparten los padecimientos de Cristo, regocíjense, para que también en la revelación de Su gloria se regocijen con gran alegría»
(1 Ped. 4:12-13, NBLH).

En realidad, nos llega a sorprender que suframos porque muy
dentro nuestro, aunque no lo admitamos, tendemos a creer que
merecemos o que deberíamos vivir libres de dificultad. Nos sor-
prendemos mucho cuando sufrimos o vemos a un ser amado
sufrir. Por eso, no dudamos en caer en la tentación de hacer
la pregunta perenne: «¿Por qué a mí? ¿Qué hice para merecer
esto?». La falta de conocimiento bíblico nos hace pensar que el
sufrimiento no es algo que debamos experimentar y nos sor-
prendemos y nos afecta más de lo que debería. No estamos
preparados y el sufrimiento nos toma desprevenidos.

¿Sufrimiento o inconveniente?

La Biblia pone en la categoría de sufrimientos aspectos de la vida
como ser perseguidos por la causa de Cristo (1 Tes. 2:4), ser acusados injustamente (1 Ped. 2:18-25), una condición de salud crónica
(Sant. 5:14) o aun problemas en nuestras relaciones (1 Ped. 3:1).

Otro problema con el entendimiento del sufrimiento es
que muchos igualan al sufrimiento con dificultades o inconve-
niencias personales. Por ejemplo, si le damos un vistazo al Facebook, veremos que algunos amigos llegan a igualar el problema
de un celular que se cae y se rompe con una crisis que les pudiera
costar la vida. Si no tenemos un auto nos deberían canonizar y si
nuestros hijos no tienen un patio grande ya nunca serán felices.
No estoy diciendo que sea pecado tener esas cosas. El problema

es que, cuando no las tenemos, las agrandamos hasta el punto de que las igualamos con una experiencia de sufrimiento y terminamos deprimidos, esperando que muchos nos consuelen.

Si se trata de todo lo anterior, dudo que el consuelo del que habla Pablo a sus discípulos de Corinto nos ayude. Ese tipo de dolor es solo producto de que estamos siendo demasiado hedonistas, materialistas y que apreciamos más las cosas que al Creador. El consuelo de la segunda carta de Pablo a los corintios es llegar a recibir el consuelo de la presencia de Dios. Cuando lo que más deseo es un celular o un auto, la presencia de Dios no será nunca mi satisfacción final.

Tenemos que aprender a discernir qué es verdadero sufrimiento y qué es solo un inconveniente. Familias con niños en condiciones especiales, personas con diagnósticos de enfermedades crónicas, hermanos que están siendo perseguidos, relaciones rotas, un periodo largo de desempleo… esos sí son sufrimientos. La falta de ciertas comodidades puede ser considerada como un inconveniente, pero nunca como un sufrimiento. Cuando los tratamos como sufrimientos estamos siendo personas superficiales que solo están centradas en sí mismas. Una persona que confunde inconveniente con sufrimiento necesita arrepentirse de ese pecado y cultivar el contentamiento bíblico.

> «Pero la piedad, en efecto, es un medio de gran ganancia cuando va acompañada de contentamiento. Porque nada hemos traído al mundo, así que nada podemos sacar de él. Y si tenemos qué comer y con qué cubrirnos, con eso estaremos contentos» (1 Tim. 6:6-8).

Poder diferenciar entre sufrimiento e inconveniente puede ser de mucha ayuda en el matrimonio. Kathy y yo hemos tenido temporadas en las que tenemos más conflictos. Por diferentes razones estamos más tentados a discutir y no ponernos de acuerdo sobre algunos temas. Kathy podría sentirse tentada a desanimarse y pensar que las cosas están súper mal en nuestra relación. Yo le recuerdo muchas veces que es posible que estemos en una temporada difícil, pero Dios nos ha dado mucha gracia para enfrentar esos tiempos oscuros. No hemos sido infieles, no nos hemos golpeado ni faltado el respeto. Entendemos que estamos pasando por un tiempo que requiere que crezcamos, pero eso no significa, de ninguna manera, que sea el sufrimiento de un matrimonio que está atravesando por serios problemas.

Por otro lado, no puedo negar que ha habido ocasiones en que hemos experimentado sufrimiento. En esos momentos nos hemos comprometido a sufrir juntos y no separados. Ya que somos una sola carne, las situaciones difíciles que pasamos al vivir en un mundo caído, las vamos a usar, por la gracia de Dios, para unirnos y nunca para separarnos.

Cuando Kathy y yo intentamos concebir al inicio de nuestro matrimonio, se nos hizo muy difícil. Kathy tenía una condición que no le permitía concebir, y esto trajo mucha ansiedad en nuestro matrimonio. Kathy tenía todo un programa calendarizado de fertilidad y yo me irritaba por lo estricto del programa (sé que es difícil pensar que un hombre se irrite por eso). Nos dimos cuenta de que en lugar de batallar teníamos que trabajar y pasar la prueba juntos. Comenzamos a orar para que Dios usara ese tiempo para purificarnos, pues conocer al Señor era más importante que tener un hijo. Mirando hacia atrás, una época de gran dificultad se convirtió en un tiempo muy dulce en nuestra vida porque nos unió más y nos hizo depender y satisfacernos más en Dios.

La iglesia que planté pasó por un problema serio de relaciones algunos años después de fundada. Yo decidí enfrentar el proceso solo y no cargar a Kathy con esos problemas ministeriales. Ese ha sido uno de mis mayores errores en el ministerio. Kathy me veía batallando deprimido, desanimado, pero sin poder ayudarme porque yo no hablaba nada de la situación. Estaba tratando de cuidar a mi esposa, buscaba evitar la murmuración, pero al hacerlo en silencio, no pudimos caminar por esa gran prueba en unidad. En realidad, más allá del problema mismo, mi silencio contribuyó a uno de los tiempos más difíciles de nuestro matrimonio. Gracias a Dios pudimos aprender y tomar la decisión de que vamos a caminar todas las pruebas juntos. Desde ese tiempo, por la gracia de Dios, todos esos problemas de relaciones fuera de nuestro matrimonio solo nos han unido más. Yo le abro mi corazón a Kathy con toda sinceridad y eso nos une y nos hace más cercanos uno del otro. Lo que nos decimos con frecuencia es que durante los momentos difíciles estamos el uno para el otro.

¿Cómo puedo ser animado cuando estoy sufriendo? ¿Cómo puedo evitar igualar un inconveniente con un sufrimiento? Basta con recordar que hay uno que sufrió por nosotros más de lo que nosotros sufriremos en toda nuestra vida.

«Consideren, pues, a Aquél que soportó tal hostilidad de los pecadores contra El mismo, para que no se cansen ni se desanimen en su corazón. Porque todavía, en su lucha contra el pecado, ustedes no han resistido hasta el punto de derramar sangre» (Heb. 12:3-4).

Jesús derramó Su sangre siendo inocente para que tú y yo podamos ser consolados y restaurados con Su presencia en medio de nuestros sufrimientos. Cuando vemos cuánto sufrió por nosotros, podemos discernir si es que realmente estamos sufriendo o si solo estamos pasando por un inconveniente. Cuando vemos el sacrificio de Jesús a nuestro favor, eso nos debe ayudar a enfrentar el sufrimiento con esperanza. Como matrimonio aprendemos que el sufrimiento debemos enfrentarlo juntos.

¿Puedes distinguir entre un tiempo de sufrimiento y un inconveniente? ¿Qué inconvenientes en tu vida los has considerado por error como sufrimiento?

¿En qué formas tu matrimonio puede crecer en caminar en unidad durante los tiempos de sufrimiento?

PONER EN PRÁCTICA

- ....
- ....
- ....
- ....
- ....

DÍA 6
Yo te necesito

«Y el Señor Dios dijo: No es bueno que el hombre esté solo; le haré una ayuda idónea. [...] Entonces el Señor Dios hizo caer un sueño profundo sobre el hombre, y *éste* se durmió; y *Dios* tomó una de sus costillas, y cerró la carne en ese lugar. Y de la costilla que el Señor Dios había tomado del hombre, formó una mujer y la trajo al hombre. Y el hombre dijo:

> Esta es ahora hueso de mis huesos,
> y carne de mi carne;
> ella será llamada mujer,
> porque del hombre fue tomada.

Por tanto, el hombre dejará a su padre y a su madre y se unirá a su mujer, y serán una sola carne. Y estaban ambos desnudos, el hombre y su mujer, y no se avergonzaban» (Gén. 2:18-25).

En este pasaje encontramos la base bíblica del matrimonio. Desde antes de la caída ya Dios había unido a un hombre y una mujer para que fueran una sola carne. Dios creó al hombre y a la mujer con roles complementarios. De eso hablaremos en un próximo capítulo. El énfasis que deseo hacer en este momento es que Dios creó al hombre y a la mujer para que ambos se necesiten mutuamente.

El hombre estaba solo y necesitaba de una ayuda idónea. Es interesante que el hombre laboró para poner nombres a los animales creados (v. 19-20). Aunque el hombre pudo completar la tarea, él no estaba completo. Él requería de una ayuda idónea. Es muy evidente que el hombre necesita de una compañía. Por otro lado, también vemos que la mujer necesita del hombre para ser creada. Hay una dependencia manifiesta en el texto porque

Dios no creó a la mujer aparte del hombre, la creó del hombre. Este texto fundamental establece la institución del matrimonio porque tanto el hombre como la mujer necesitan el uno del otro.

La narración nos muestra el gozo del hombre al tener finalmente una compañía (v. 23). Dios le estaba dejando ver a Adán su necesidad y que Eva venía a satisfacerla. Todos los animales fueron creados en parejas, menos el hombre. A veces me imagino a Adán mirando a una jirafa macho y una jirafa hembra, al elefante y la elefanta y él solito en el Edén. Dios, por medio de la creación, le mostró al hombre su necesidad de tener compañía. Por eso, Adán cantó de gozo al ver la compañía que Dios le había provisto.

No puedo dejar de decir que los cónyuges debemos cultivar un cántico de gozo por la provisión de una pareja por parte de Dios. También debemos entender que es una necesidad tener una compañía que nos complemente. El mundo está atacando cada vez más el modelo bíblico de masculinidad y feminidad bíblica. Vemos el movimiento feminista de mediados del siglo xx que hoy está arraigado en la cultura en general, pero cada vez más en la iglesia misma. El mundo les enseña a las mujeres que encontrarán su completa satisfacción en el mundo laboral. A los hombres les dice que no tienen que liderar, sino compartir responsabilidades y permitir que cada uno viva su propia vida sin limitaciones. Los creyentes estamos llamados a celebrar nuestra complementariedad cada día más. Una forma de celebrarlo es dependiendo de la compañía que Dios nos dio, porque así reflejamos la unidad en el matrimonio. Dependemos al permitir que nuestra pareja tenga responsabilidades que nos completan y a su vez nos hace dependiente de ella. Yo dependo de Kathy en muchas cosas y ella depende de mí. Y aunque eso pareciera hacernos vulnerables, esa vulnerabilidad refleja confianza en la provisión de Dios de una ayuda idónea.

Dios ordena dejar la familia y unirse con su pareja para crear una familia nueva. Muchas veces veo matrimonios que no terminan de romper el cordón umbilical con sus familias de origen. Todavía dependen de sus padres de muchas maneras y eso no es saludable. Hijas que son más amigas de sus madres que de sus esposos, hijos que dependen de la provisión financiera de los padres. El llamado bíblico es a honrar a los padres, pero también somos llamados a crear un nuevo núcleo familiar en donde la mayor dependencia esté en la relación de esposo y esposa.

También me he dado cuenta de que hay padres que manipulan a sus hijos casados para que les den una mayor atención que va más allá de los parámetros bíblicos. Hay parejas que no cultivaron la amistad en su matrimonio y se entregaron a criar a sus hijos, pero de una forma desbalanceada. Ellos basaron sus identidades en los hijos y por eso no se atreven a soltarlos cuando se van de casa a formar sus familias. En ocasiones veo a padres (en especial madres) demandando atención de sus hijos hasta el punto de afectar la dinámica de sus matrimonios. El diseño bíblico demanda que esa madre dependa emocionalmente de su esposo, no de sus hijos. Ella debe dar el espacio saludable para que los hijos, a su vez, puedan desarrollar un matrimonio saludable.

Recuerdo cuando me mudé a Atlanta en 1998. Estaba por comenzar un trabajo de consultoría de sistemas computacionales. Me mudé con la confianza de que todo iba a salir bien. Ya yo había vivido solo durante mis años universitarios. Además, todos los veranos participaba de viajes misioneros a diferentes lugares. Pensaba que la soledad no me iba a afectar. Justo antes de mudarme comencé el noviazgo con Kathy. Ambos entendíamos el reto de tener una relación a distancia. El plan era casarnos en un año luego de que Kathy terminara sus estudios universitarios. Todo marchaba bien hasta que me dio un caso severo de influenza en el mes de octubre. Nunca me había sentido tan enfermo en mi vida. Por varios días estuve solo en mi apartamento durmiendo y sintiéndome pésimo. Me sentí completamente solo. Únicamente pensaba en cuán fácil sería la vida si Kathy estuviera conmigo. En ese tiempo no extrañé a mi mamá, extrañé a Kathy. En mi corazón aumentó el deseo de estar junto a ella y de depender de su cuidado, atenciones y amor.

Nos creemos la mentira de la autosuficiencia

Nos cuesta reconocer que nos necesitamos profundamente porque nos hemos creído la mentira de la autosuficiencia. Hay personas a las que Dios les ha dado el don de ser célibes. Ellas están llamadas a una vida de soledad en relación con Dios. Pero para el resto de nosotros es mejor estar acompañado. Muchos matrimonios piensan en el divorcio tan pronto como aparecen algunas dificultades. Lo que vemos es que detrás de esa solución aparentemente práctica está la idea de que siempre será mejor estar solos. Otros cuestionan si es que se casaron con la persona correcta. Yo creo que si estás casado con alguien, esa es la persona correcta. Dios orquestó de forma soberana que te unieras a esa persona y confiamos en la soberanía de Dios. Si ya has formado una familia, si has hecho los votos delante de Dios y de testigos, entonces debes luchar contra los pensamientos de separación con otros en donde afirmas que son mejores y completos si están unidos porque dos son mejor que uno. Debemos rechazar cualquier pensamiento que nos haga creer que podemos funcionar de forma independiente.

Dios nos creó
para depender de otros

En primer lugar, fuimos creados para depender de Dios. Somos criaturas creadas para adorar a Dios y nuestra adoración más profunda es cuando dependemos de Dios al relacionarnos con Él. Vemos esta dependencia en la vida de Pablo. Él lo considera todo como basura con tal de conocer profundamente a su Salvador (Fil. 3:8). Pablo está afirmando que nada es más importante que conocer a Jesús y estar satisfecho en él. Melick nos dice: «Pablo considera su herencia y sus logros como algo sin beneficio porque no le acerca a Cristo».[3] Lo más importante para Pablo es relacionarse con Cristo. Él aprecia todo lo que lo lleva a Cristo y desecha aquello que no le permite relacionarse con su Señor.

Matrimonio y relación

La expresión de relación más cercana del Cuerpo de Cristo para una pareja de creyentes es su propio matrimonio. Por consiguiente, si estás casado con un cristiano, esa persona es la expresión más cercana del cuerpo de Cristo con quien debes relacionarte y de quien debes depender. También estamos relacionados al ser una sola carne. Fuimos creados para relacionarnos y para depender unos de otros.

Si tu cónyuge no conoce al Señor, entonces Pablo nos dice que ellos son santificados al estar en unión con un creyente.

«Y la mujer cuyo marido no es creyente, y él consiente en vivir con ella, no abandone a su marido. Porque el marido que no es

---

3. Melick, R. R. (1991). *Philippians, Colossians, Philemon* [Filipenses, Colosenses, Filemón] (Vol. 32, p. 132). Nashville: Broadman & Holman Publishers.

creyente es santificado por medio de su mujer; y la mujer que no es creyente es santificada por medio de su marido creyente; de otra manera vuestros hijos serían inmundos, mas ahora son santos» (1 Cor. 7:13-14).

Este texto es difícil de comprender y puede tener varias interpretaciones. Sin embargo, podemos decir que, mientras un no creyente desee relacionarse y permanecer en un matrimonio con un creyente, esa relación es santificada porque está unido en una sola carne con un creyente. Podemos decir, entonces, que estás llamado a relacionarte con tu cónyuge no creyente y a depender de él o ella de forma emocional.

El problema de vernos como enemigos

Se crean muchos problemas cuando no nos vemos como ayuda y apoyo mutuo, sino que nos vemos como enemigos. Pensamos que nuestro cónyuge está para oponerse a nuestro desarrollo personal, que se opone a nuestras metas y deseos. No nos damos cuenta de que deberíamos tener metas y deseos alineados a la unidad del matrimonio. Suelo escuchar en consejería frases como estas: «Ella no me da tiempo para ver los juegos de fútbol» o «Él solo desea que le tenga la ropa limpia y que lo alimente». Nos arrepentimos de nuestro individualismo y de poner nuestros sueños por encima del bien del matrimonio cuando vemos a nuestro cónyuge como nuestro aliado en lugar de nuestro enemigo.

Tendemos a ver a nuestro cónyuge como nuestro enemigo porque esa persona piensa diferente a nosotros o tiene diferentes sensibilidades. Por ejemplo, yo soy una persona súper pragmática. Muchas veces mi trasfondo de ingeniero industrial no me permite ver las cosas desde una perspectiva emocional, sino solo con el lente de la lógica y de la búsqueda de una solución práctica inmediata. Por otro lado, mi esposa es más emocional y considera más los sentimientos de otras personas al momento de tomar decisiones. Nosotros llevamos casi 20 años viviendo en Estados Unidos. En ese tiempo hemos aprendido a depender de ambos al momento de tomar decisiones relacionadas con situaciones familiares difíciles en Puerto Rico. Cuando se presenta alguna situación, usualmente pienso que no hay necesidad de ir a la isla, que podemos ayudar sin movernos de casa. Kathy no piensa como yo y tiene el impulso inmediato de montarse en un avión e ir a ayudar en persona. Con el tiempo hemos aprendido que no somos enemigos, que necesitamos de la perspectiva del otro. Yo necesito ser más misericordioso como Kathy y ver que, en ocasiones, nuestra presencia sería de bendición, aunque la situación no sea tan difícil. Por otro lado, Kathy necesita de mi perspectiva lógica que considera cómo esa decisión se puede resolver de maneras más prácticas.

Recordémonos que estamos a favor el uno del otro

En medio de las diferencias que traemos al matrimonio por nuestras personalidades, preferencias y también, por qué no decirlo, por nuestro pecado, algo que debemos comunicar de forma constante es que estamos en el mismo equipo. Vamos a tener diferencias, vamos a tener diferentes perspectivas y muchos roces, pero nunca debemos dudar de que estamos a favor del otro. En muchas ocasiones cuando Kathy y yo estamos teniendo diferencias, algo que siempre nos ayuda a calmar el conflicto es recordar que estamos unidos y comprometidos el uno con el otro. Nos necesitamos y cualquier diferencia de perspectiva va a ayudar al matrimonio a tomar la decisión que será de mayor beneficio. No es acerca de que uno de los dos esté en lo correcto, es acerca del beneficio para nuestro matrimonio. En muchas ocasiones podemos pensar que ganamos la discusión individual, pero en realidad es una derrota para el matrimonio porque puede llegar a drenar su unidad. Recordemos, la unidad del matrimonio es más importante que mi deseo individual.

Identificar dónde nos necesitamos

Algo que puede ayudarnos a crecer en unidad y dependencia mutua es tomarnos el tiempo para identificar en qué áreas nos necesitamos, y qué fortalezas de mi cónyuge me ayudan. Muchas veces yo necesito de la misericordia de Kathy porque tiendo a ser muy pragmático en mis decisiones. Pero Kathy necesita de mi pragmatismo porque mi fortaleza puede convertirse en una debilidad si permitimos que domine todas nuestras decisiones. Kathy también necesita de mi fortaleza emocional y mi confianza en Dios en momentos difíciles. Yo suelo permanecer calmado y no permito que mis emociones me dominen en esos momentos. Ella ha identificado que eso le beneficia cuando sus emociones están interfiriendo con sus pensamientos.

La comunión de la Trinidad

La Trinidad nos modela la dependencia que debe reflejar el matrimonio. Piensa en esto: cada persona de la Trinidad es totalmente Dios, pero cada uno depende profundamente del resto de las personas de la Trinidad. El Hijo dependió profundamente del Padre y del Espíritu Santo durante Su ministerio terrenal. Medita en esto, el evangelio no hubiera sido posible si el Hijo, que es completamente Dios, no hubiera dependido del resto de la Trinidad. El Hijo no vino en una misión solitaria, Él estaba en perfecta comunión con el Padre en oración, y era empoderado por el Espíritu Santo para Su misión. Cuánto más nosotros debemos depender de nuestros cónyuges al estar unidos y plasmar el evangelio a través de nuestra unidad reflejada en la dependencia del uno al otro.

Debemos arrepentirnos de la autosuficiencia que nos engaña diciéndonos que podemos o que estamos mejor solos. Dios vio que no era bueno que el hombre estuviera solo ya en el jardín del Edén. Es más, Él envió a Su Hijo para que nosotros no estuviéramos solos. Jesús padeció la soledad de la cruz para que tú y yo tengamos comunión con Él y comunión con Su pueblo. Así que, meditemos en estas verdades para no ser orgullosos y realmente creer que necesitamos el uno del otro.

Preguntas de aplicación

¿Puedes identificar las áreas en las que fortaleces a tu cónyuge? ¿Y cuáles son las áreas en las que te ayudaría depender más de él?

Toma tiempo para agradecerle a tu cónyuge por las áreas en las cuales te complementa y necesitas más de él.

Medita en las formas en que la cultura te hace creer que no necesitas de la ayuda de tu cónyuge.

Poner en práctica

- ....
- ....
- ....
- ....
- ....

DÍA 7
Reflexión al final de la semana: la realidad de nuestra unidad

Los seres humanos usualmente somos seres visuales que necesitan ver para creer. Como ya les he comentado, Kathy y yo tuvimos problemas para concebir nuestro primer hijo. Cuando la primera prueba de embarazo nos confirmó que Kathy estaba embarazada, ello no podía creerlo. Me envió a comprar otra prueba en la farmacia. Ella no creyó verdaderamente que estaba embarazada hasta que escuchó el latido del corazón y vio la primera ecografía.

Así también hay verdades del cristianismo que se nos hacen difíciles de creer porque no las vemos. Por ejemplo, Pablo nos dice que en estos momentos estamos sentados juntamente con Cristo en lugares celestiales (Ef. 2:6). Se trata de una verdad teológica con grandes implicaciones para nuestra vida de creyentes. Si eso es verdad, entonces quiere decir que somos uno con Cristo y que todas las verdades de Cristo son nuestras. Además, debido a que Cristo ya murió, nosotros no vamos a morir espiritualmente; porque Él resucitó, nosotros estamos vivos en Él. Ya que Cristo está a la diestra del Padre, nosotros podemos tener comunión con Él. Pero al no ver físicamente que estamos sentados con Cristo, es muy posible que no vivamos a plenitud estas verdades gloriosas.

Hay otra verdad que se nos hace difícil creer porque no la vemos con nuestros ojos físicos. Es la verdad que señala que, cuando decimos «acepto», nos hacemos una carne. Vivimos nuestros matrimonios separados, tenemos cuentas de banco separadas, escondemos aspectos de nuestra salud a nuestra pareja, vemos diferencias en nuestros dones y talentos como algo que nos amenaza en lugar de unirnos. No creemos lo que dice la Biblia:

«Por tanto el hombre dejará a su padre y a su madre y se unirá a su mujer, y serán una sola carne» (Gén. 2:24).

Esto es más real que la ley de la gravedad. ¡Tú eres uno con tu cónyuge!

Una vez más tengo que decirlo: tenemos que arrepentirnos de nuestra individualidad extrema, de nuestros deseos de vivir como si estuviéramos solteros, de ver la vida solo desde nuestra perspectiva. Debemos empezar a creer y vivir nuestra realidad como una sola carne. Esa verdad cambiará toda mi perspectiva de la vida que tengo con mi cónyuge. Por ejemplo, ya no tengo que sacrificar de mi tiempo para pasar tiempo con mi esposa porque mi tiempo es su tiempo al ser una sola carne.

En estos momentos estamos asumiendo grandes gastos en el cuidado de salud de mis padres. Mi esposa podría sentirse resentida porque no son sus padres. Pero mis responsabilidades son las de ella porque somos uno. Cuando realmente creemos lo que la Biblia dice al respecto, se revoluciona nuestro matrimonio. Ya no tenemos dos agendas y menos dos direcciones. ¡Somos uno!

El evangelio nos ayuda a entender esta realidad espiritual. El matrimonio no es definido por nosotros mismos, sino que refleja la unidad de Cristo con Su novia, la Iglesia. Es el maravilloso milagro en donde Dios establece que todo Su pueblo es uno con Cristo para que podamos reclamar todas las realidades de Cristo. Esa es la base de nuestra justificación, porque la justicia de Cristo es nuestra al estar unidos con Él. Esa es la base de nuestra santificación; dado que Cristo está vivo y ya que vive en nosotros, entonces vivimos para crecer en piedad. Tenemos que recordar que en estos momentos Cristo habita como Dios en un cuerpo humano resucitado. Todo creyente es uno con Cristo en su estado actual.

Entonces podemos creer también que Dios hace un milagro similar en el matrimonio al unir dos personas en una sola carne. Dios toma dos seres separados y los hace uno de forma sobrenatural cuando ambos intercambian votos de fidelidad libremente. Te puedes sentir lejos de tu cónyuge, pero la realidad es que estás más unido a tu cónyuge que con ningún otro ser humano. ¡Son uno! Si te sientes que no hay esperanza y es mejor divorciarte, hay esperanza. ¡Son uno! Medita en la realidad de que ya no eres un ser individual, sino que, desde el momento en que intercambiaste los sagrados votos de fidelidad y amor hasta la muerte, tu vida cambió y ahora ya no son dos, sino que son solo uno delante de Dios.

Preguntas de aplicación

Enumera algunas áreas de tu vida en las que vives separado de tu cónyuge.

¿De qué formas de individualismo extremo debes arrepentirte?

¿Cómo puedes restituir la unidad en tu matrimonio?

Poner en práctica

- ....
- ....
- ....
- ....
- ....

Semana 3

La forma de relacionarnos es de suma importancia

DÍA 1
Nuestras palabras importan

Todo el mundo parece estar de acuerdo cuando decimos que para tener un buen matrimonio se debe mantener una buena comunicación. Muchos especialistas aparecen en programas de televisión aconsejando sobre el tema. También escuchamos el mismo consejo en seminarios de mejoramiento personal o segmentos radiales en los que todos concuerdan en lo mismo. De seguro has escuchado comentarios como este: «Para mejorar tu matrimonio debes mejorar tu comunicación».

Todos hablan de escuchar, de prestar atención, de no hablar rápido y hasta de aprender a discutir. Si bien es cierto que podemos recibir algún tipo de beneficio con la aplicación de algunos de estos consejos, la realidad es que, sin una correcta motivación para mejorar nuestra comunicación, todo esfuerzo es solo egoísta. Nuestro deseo será aprender a «negociar» para lograr una vida más fácil o adquirir destreza en la manipulación de las conversaciones para alcanzar nuestros objetivos. Lo cierto es que ninguna de estas prácticas nos va a ayudar a comunicarnos con efectividad y de acuerdo con una visión bíblica del matrimonio. En resumen, si el fin de comunicarnos mejor es obtener solo lo que deseamos, entonces la comunicación se acabará o se deteriorará cuando no llegamos a obtener lo que queremos.

El pecado

Lo que sucede es que ninguno de esos consejos (que se basan en cosmovisiones muy diferentes a la cristiana) presenta una realidad clave que permita entender la razón para el deterioro de la comunicación. Uno de los aspectos que debemos recordar es que todo lo que hacemos como seres humanos está marcado por nuestra caída. Vivir en un mundo caído también afecta nuestra comunicación. Nuestra esperanza no puede radicar solo en tener mejor comunicación, porque aun esta herramienta tan importante para el matrimonio está también afectada por el pecado y es falible e imperfecta. Es muy posible, por ejemplo, que hayas experimentado querer comunicar algo con claridad y, a pesar de tus esfuerzos, la otra persona entendió algo muy diferente a lo que dijiste. Bueno, eso es parte de vivir en un mundo caído bajo los efectos del pecado.

El proceso de la comunicación está afectado por el pecado. Por ejemplo, respuestas llenas de ironía, palabras groseras y hasta expresiones corporales agresivas son parte de nuestra comunicación. Hasta que no entendemos que el problema no es la falta de técnicas de comunicación, sino el pecado, continuaremos experimentando frustraciones y desánimo en nuestro matrimonio. Santiago nos muestra claramente cuál es el problema.

> «¿De dónde vienen las guerras y los conflictos entre vosotros? ¿No vienen de vuestras pasiones que combaten en vuestros miembros? Codiciáis y no tenéis, *por eso* cometéis homicidio. Sois envidiosos y no podéis obtener, *por eso* combatís y hacéis guerra. No tenéis, porque no pedís. Pedís y no recibís, porque pedís con malos propósitos, para gastarlo en vuestros placeres» (Sant. 4:1-3).

Santiago nos muestra que las batallas que tenemos con nuestro cónyuge no son por falta de comunicación o, como la psicología nos quiere hacer creer, producto de relaciones pasadas que nos han marcado. Nuestro problema es que deseamos cosas y las deseamos tanto que estamos dispuestos a ir a la guerra por ellas. Demandamos nuestros deseos, y para lograrlo estamos dispuestos a usar todas las armas disponibles como las palabras hirientes, manipuladoras o sarcásticas. Lo triste del caso es que la persona a la que estamos llamados a amar, es aquella que más recibe este tipo de comunicación agresiva.

No podemos empezar a mejorar nuestra comunicación aprendiendo técnicas para escuchar con atención o a través de fórmulas para decir las cosas con precisión. Una buena comunicación empieza cuando permitimos que el evangelio nos haga crecer en humildad. El primer paso es entender que la doctrina del pecado nos dice que todavía enfrentamos una realidad de lucha interior. Hemos sido salvados por la cruz de Cristo, pero todavía nuestra carne está luchando con el pecado que permanece en nosotros. Esa verdad nos permite crecer en humildad y nos hace darnos cuenta de que, cuando tenemos una diferencia con nuestro cónyuge, nuestra perspectiva puede ser incorrecta porque pueden existir deseos pecaminosos que la distorsionan y, por ende, debemos cuidar nuestras palabras hasta el punto de que reflejen ese sentido de humildad y reconocimiento de nuestras propias fallas.

Permíteme ilustrar el siguiente escenario. Supongamos que Kathy y yo tenemos una batalla verbal porque yo pienso que le di a guardar mi celular y ahora no lo encontramos por ninguna parte. Ella me dice que me lo devolvió al llegar a casa. Lo que pudiera convertirse en una gran guerra de «dimes y diretes», puede convertirse, por la presencia del evangelio, en una conversación marcada por la gracia de Dios. Producto de la realidad de nuestra pecaminosidad e imperfección, ambos podemos estar conscientes de que nuestra perspectiva puede ser incorrecta. Justo en ese momento tengo que recordar que no soy Dios, que vivo en un mundo caído donde puedo haber olvidado que ella me dio el teléfono al llegar a casa. Tengo que recordarme a mí mismo que yo también he olvidado muchas veces que le he devuelto cosas a Kathy y, por ende, debo tenerle paciencia y debo actuar con humildad y no con soberbia. Lo más importante es el evangelio, el cual nos recuerda que nos hemos equivocado en lo más impotente, que hemos pecado contra Dios. Y si el Señor Jesucristo murió en la cruz producto de mi pecaminosidad, ¿cómo no puedo yo tener una actitud más tolerante con una situación que a la sombra de la cruz es insignificante? Todo esto debe hacer que mis palabras estén sazonadas con humildad.

No hay duda de que las palabras pueden hacer una gran diferencia en situaciones como la que acabo de ejemplificar. Cuando no estamos permitiendo que el evangelio sazone nuestras palabras, puedo decirle a Kathy: «¿Dónde pusiste mi celular, porque yo te lo di y no lo encuentro? De seguro lo dejaste descuidado por allí». Observa cómo estoy suponiendo que tengo la razón y ya de antemano la acuso y la pongo en una posición donde ella tendrá que defenderse. Es muy posible que mis palabras la empujen a subir el tono del conflicto para poder defenderse y que me diga: «Mira qué haces porque yo te lo devolví. Si no te acuerdas de las cosas, será mejor que tomes tus vitaminas para la memoria». Puedo seguir desarrollando la conversación para mostrarles cómo sigue subiendo el nivel de tensión y agresión al empezar con un juicio pecaminoso que supone que la otra persona es culpable. De seguro que tú has vivido más de una vez una experiencia similar.

Cuando el evangelio nos ayuda a comunicarnos con humildad, este mismo escenario se podría ver de una manera completamente distinta. Yo podría preguntarle de la siguiente manera: «Kathy, yo recuerdo que en algún momento te di mi celular y no lo encuentro. No recuerdo que tú me lo devolvieras, pero puede ser que no esté recordando bien». Observa cómo le estoy comunicando el mismo mensaje, pero con humildad, dejándole saber que es posible que no recuerde bien si ella me lo devolvió. Eso ayudaría a Kathy a responder de esta forma: «Yo pienso que te lo di, pero voy a mirar si lo tengo en mi cartera porque allí lo puse cuando me lo diste». Aceptar que podemos equivocarnos en nuestra perspectiva ayuda a que las palabras que usamos sean humildes en lugar de acusatorias. Esto es el evangelio trabajando en algo tan central en el matrimonio como la comunicación de la pareja.

Parece algo extremo, pero en casa tratamos de comunicarnos con cuidado y dándole un juicio de valor a cada una de nuestras posiciones. Decimos frases como: «Puedo estar mal», «No recuerdo bien», «En realidad sé que puedo estar equivocado». Esta frase se siente un tanto falsa cuando comienzas a usarla, pero con el tiempo vemos que es fruto del evangelio que nos recuerda que no siempre estamos en lo correcto. Este tipo de comunicación nos ayuda porque no tenemos necesidad de demostrar que estamos bien o mal. Si ambos pensamos que podemos estar equivocados, no hay necesidad de ganar la discusión y el problema se puede resolver de forma rápida y eficiente porque no estamos gastando energías defendiéndonos como rivales, sino que ambos estamos tratando de solucionar la dificultad como compañeros.

Las palabras tienen relevancia

Algo que aprendimos muy al inicio de nuestro matrimonio y que ha sido de mucha ayuda en nuestra comunicación, es saber que cada palabra es relevante. En un grupo pequeño de la iglesia estuvimos conversando acerca del libro *Guerra de palabras* de Paul David Tripp, y no saben cuánto nos ayudó a ver cómo el pecado afecta nuestra comunicación porque todas las palabras que salen de nuestra boca son importantes y debemos tener cuidado con ellas.

Muy pocos son conscientes del poder que tienen las palabras. Ellas pueden ser usadas para edificar a una persona, pero también pueden ser usadas para destruirla. Por eso es que debemos tener cuidado con cada palabra que sale de nuestra boca, pues la Biblia afirma que daremos cuenta por cada una de ellas (Mat. 12:36).

Hay varios principios que hemos aprendido a aplicar cuando tenemos una conversación que podría llevarnos a un conflicto. Uno de ellos es hablar más lento. Como buen puertorriqueño, hablo súper rápido, pero bajo la velocidad de forma consciente cuando sé que puedo estar entrando en un conflicto. Kathy puede darse cuenta cuando la conversación se está poniendo difícil para mí porque comienzo a hablar más lento. La razón para la disminución de la velocidad es muy sencilla y práctica. Yo hablo lento porque quiero seleccionar con cuidado cada palabra que uso en esos momentos. Mientras estoy pensando en lo que estoy diciendo, también le pido al Espíritu Santo que me dé dominio propio y que me haga recordar el evangelio para poder usar cada palabra con precisión y que, de ningún modo, sea ofensivo. Prefiero experimentar momentos de silencio que me ayuden a reflexionar y cuestionar mis propios pensamientos, que hablar con rapidez, sin haber pensado bien lo que iba a decir. Bien dice el proverbio: «En las muchas palabras, la transgresión es inevitable, mas el que refrena sus labios es prudente» (Prov. 10:19).

El segundo principio es que evitamos usar generalizaciones como: siempre, nunca, todo, en todo momento y muchas otras expresiones similares que generalizan situaciones que hieren a las personas de forma innecesaria. Cuando le decimos a nuestra pareja: «Tú siempre (nunca) haces...», estamos mintiendo y en muchas ocasiones estamos provocando ira en nuestros cónyuges. Las palabras tienen relevancia; cuando decimos «tú siempre / nunca», estamos mintiendo a través de una generalización y mentir no es reflejo del evangelio que es la verdad, sino una manifestación de nuestra pecaminosidad. Por eso, hemos tratado de eliminar ese tipo de palabras que son acusatorias y que usualmente ponen al otro a la defensiva.

La abundancia del corazón

Otro principio importante es que ambos nos hemos comprometido a creerle a Jesús cuando dijo que «de la abundancia del corazón habla la boca» (Mat. 12:34). El contexto de esta frase es que el buen árbol da buen fruto y el mal árbol da mal fruto. Nosotros creemos que las palabras tienen valor y por eso evaluamos lo que nuestras palabras comunican. También creemos que lo que sentimos en un momento dado no es necesariamente lo que queremos decir. Por ejemplo, cuando, en un momento de ira, le dices a tu esposa: «Estoy cansado de ti». No debemos olvidar que la doctrina del pecado nos dice que somos capaces de pecar en formas que no podemos ni imaginar.

Podemos tratar de justificarnos cuando se nos pasó la ira y decir: «Es que estaba molesto», «No pensé lo que dije» o «Eso no era lo que quería decir», pero ya las palabras salieron de nuestra boca como cuchillos y causaron heridas en el alma de nuestro cónyuge. Por eso, consideramos con mucha seriedad que a las palabras no se las lleva el viento, sino que tienen peso y valor. Lo que decimos sale de nuestro corazón y es más representativo de lo que pensamos, que de lo que sentimos. Tenemos que recordar siempre que el corazón es engañoso.

Cada vez que digamos palabras inadecuadas, en lugar de expresar: «Eso no es lo que quería decir», es mucho mejor que pidamos perdón y que enfrentemos las palabras que salieron de nuestro corazón con sinceridad. Al ir a la cruz y pedir perdón, Dios tiene el poder para transformar nuestro corazón y darnos una nueva oportunidad.

Reducir los sentimientos

Otro principio que nos ha ayudado en nuestra comunicación es no permitir que las emociones definan nuestros argumentos. Veo que muchos problemas en los matrimonios son creados por las percepciones de nuestros corazones y no necesariamente por la realidad. Frases como «Yo siento», «Yo creo» y muchas otras similares no son de ayuda porque se basan en lo que percibimos y no en los hechos. Por ejemplo: la esposa le puede decir al esposo: «Yo siento que no me estás dedicando suficiente tiempo». Esto puede ser verdad, pero que ella «sienta» algo no quiere decir que sea verdad ni que esté de acuerdo con la realidad de la pareja. Habría que mirar con objetividad el calendario y verificar si lo que siente es real. Puede ser frustrante para el esposo tener que preguntar: «¿Me puedes dar ejemplos de cuándo y cómo no te estoy dedicando tiempo?». La esposa podría decirle: «No tengo un ejemplo, pero es lo que siento». El hecho de que «sintamos» algo no lo hace real. Por eso, se hace necesario que minimicemos este tipo de frases que resaltan o ponen en primer lugar nuestras emociones en el desarrollo de nuestros argumentos. Es importante poder sustentar esas emociones sobre datos y situaciones que apoyen y defiendan lo que estamos comunicando.

Hablar del conflicto

Desde mi perspectiva, lo que más nos ha ayudado a crecer en nuestra comunicación es hablar acerca de los conflictos cuando ya no estamos en conflicto. El principio detrás de esta práctica es servirnos mutuamente cuando estamos teniendo conversaciones difíciles. Como cada palabra tiene peso, queremos aprender a usar palabras que sean de ayuda al otro. También es importante reconocer las palabras o frases que no son de ayuda en el proceso de solucionar un conflicto. Esto nos ayudará a poder saber qué decir en el momento adecuado, pero para lograrlo hay que tener conversaciones acerca de nuestros conflictos cuando no estamos en conflicto.

Por ejemplo: a Kathy y a mí nos gusta resolver los conflictos lo más pronto posible. Conocemos otras parejas que prefieren esperar antes de empezar a dialogar. No es bueno suponer que lo que te ayuda también ayuda a tu pareja. Es importante dialogar y conocer su posición al respecto. Como ven, es de suma importancia que puedan dialogar sobre cómo enfrentar los conflictos, qué palabras o frases pueden usar antes de que estén en un conflicto. Así podrán saber cómo servirse el uno al otro en esos momentos.

Algo que nos ha ayudado como pareja es no hacer preguntas que tienten al otro y que vengan con juicio pecaminoso. Por ejemplo: si pienso que Kathy está teniendo un día difícil, de nada sirve que le pregunte: «¿Estás molesta por algo?». La pregunta viene con un juicio velado, y mis palabras tientan a Kathy a tener una actitud defensiva. Ella me ha dicho que prefiere que le pregunte: «¿Estás bien, bebé?» o «¿Te puedo servir en algo?». Cuando yo hago ese tipo de preguntas, ella ya sabe que he notado que no está normal y que mi único deseo es ayudarla y no juzgarla. En lugar de hacer una pregunta que sé que la pone a la defensiva, le hago una que sé que le gusta y que le muestra mi deseo de ayudarla.

Cada palabra es relevante porque sale de nuestro corazón. Lo único que nos puede ayudar y dar esperanza para comunicarnos es el evangelio. El Señor puede cambiar nuestro corazón para que estemos en la posición de servir a nuestros esposos o esposas con lo que decimos, y así poder comunicarnos de forma efectiva para crecer juntos y para que todo redunde en la gloria de Dios.

PREGUNTAS DE APLICACIÓN

Piensa si tu entendimiento de una comunicación efectiva está más influenciado por pensamientos humanistas o por una cosmovisión bíblica.

Piensa en las formas en que te comunicas con tu cónyuge que pueden ser de tentación para él o ella. Pídele perdón por esto y pregúntale en qué formas puedes comunicarte con él o ella para que le sea beneficioso.

PONER EN PRÁCTICA

- ....
- ....
- ....
- ....
- ....

DÍA 2
Creados hombre y mujer

¿Alguna vez has tratado de utilizar algo para un uso diferente al que fue diseñado? Quizás un libro terminó de base para un macetero. Quizás has utilizado goma de mascar para pegar algo en la pared. Son muchas las ocasiones en que tomamos cosas y les damos usos para los cuales no fueron diseñados. Lo que puede pasar es que el libro se humedezca y tengas que botarlo sin que nadie lo haya leído y que aquello que pegaste en la pared se caiga y le rompa la cabeza a tu visita.

Algo similar sucede con los matrimonios modernos. Dios diseñó a cada miembro del matrimonio con un propósito determinado en la relación, pero por influencias modernas opuestas, y principalmente por nuestra tendencia pecaminosa, terminamos actuando de una manera distinta a los roles establecidos por diseño divino. Al final, en la mayoría de los casos, las consecuencias son desastrosas. Dios desea recibir la gloria cuando por Su gracia seguimos Sus instrucciones en cuanto al funcionamiento de un matrimonio. Lo interesante es que no solo le damos gloria a Dios, sino que, seguir el diseño de Dios es para nuestro propio beneficio.

Esta conversación debe comenzar apuntando a una realidad teológica: Dios es el Creador. El primer capítulo de Génesis muestra esto con absoluta claridad. En el Nuevo Testamento vemos que en Hebreos capítulo 1 y Colosenses capítulo 1 se presenta la supremacía de Cristo sobre la creación y cómo todo lo creado está bajo Su dominio. Todo fue creado por Él y todo es sostenido por el Señor. No solo la Biblia afirma la verdad de que Dios es Creador, sino que la creación grita a viva voz la realidad de la existencia de un Creador. Un Ser superior diseñó a la perfección lo que observamos al mirar lo complejo y la belleza de un mundo diseñado de esa manera. Esa verdad tiene enormes consecuencias para nuestra vida. Si Dios es el Creador, entonces es el Señor quien decide cómo Su creación funciona y cómo Su creación debe adorarlo a través de sus diferentes funciones.

Nosotros no tenemos la libertad para determinar, de forma arbitraria, cómo actuar o cómo debemos desempeñarnos como hombres o mujeres. Nuestro Dios Creador tiene supremacía y soberanía sobre el diseño y las funciones sobre todo lo creado. Entonces no existe ni un movimiento social como el feminista o el igualitario que puedan cambiar o dictar las dinámicas en una institución que Dios diseñó como una familia. Dios diseñó al hombre para liderar y a la mujer para ser ayuda idónea, que siga y apoye el liderazgo del hombre.

Este capítulo no está diseñado para desarrollar una definición teológica de los roles en el matrimonio. Voy a tratar de presentar los argumentos principales y los textos más relevantes con respecto al diseño de Dios para cada uno de los cónyuges en el matrimonio.

Diseño de creación

«Entonces el SEÑOR Dios hizo caer un sueño profundo sobre el hombre, y éste se durmió; y Dios tomó una de sus costillas, y cerró la carne en ese lugar. Y de la costilla que el SEÑOR Dios había tomado del hombre, formó una mujer y la trajo al hombre. Y el hombre dijo: Ésta es ahora hueso de mis huesos, y carne de mi carne; ella será llamada mujer, porque del hombre fue tomada» (Gén. 2:21-23).

Vemos que Dios crea la mujer del hombre como un complemento para el hombre. Sin embargo, no es simplemente un regalo para que le sirva, sino que el hombre está en una posición de liderazgo y cuidado sobre esa mujer que Dios le otorgó en Su providencia y soberanía.

Luego de la caída, Dios habla con el hombre y le muestra que es responsable de lo sucedido como líder del matrimonio. Las consecuencias de la caída tienen un efecto sobre cada uno de ellos, pero los roles no cambian, solo que se realizarán con dificultad producto del pecado.

> «Entonces dijo a Adán: Por cuanto has escuchado la voz de tu mujer y has comido del árbol del cual te ordené, diciendo: "No comerás de él", maldita será la tierra por tu causa; con trabajo comerás de ella todos los días de tu vida» (Gén. 3:17).

El pecado del hombre se manifestó en que se dejó liderar en vez de liderar. El rol del hombre de proveer, de trabajar la tierra, que ya había sido establecido aun antes de la caída, ahora lo realizará con gran esfuerzo, sudor y sacrificio.

> «A la mujer dijo: En gran manera multiplicaré tu dolor en el parto, con dolor darás a luz los hijos; y con todo, tu deseo será para tu marido, y él tendrá dominio sobre ti» (Gén. 3:16).

A la mujer se le complica su rol de madre porque tendrá que dar a luz con dolor. La mujer será tentada a usurpar el liderazgo del hombre y el hombre estará tentado a hacerlo de una forma en la que se enseñoreará de su esposa.

> «Las mujeres estén sometidas a sus propios maridos como al Señor. Porque el marido es cabeza de la mujer, así como Cristo es cabeza de la iglesia, siendo Él mismo el Salvador del cuerpo. Pero así como la iglesia está sujeta a Cristo, también las mujeres deben estarlo a sus maridos en todo» (Ef. 5:22-24).

Las mujeres deben someterse a sus maridos. La palabra «sometimiento» está llena de prejuicios en nuestros días. De forma sencilla, lo que Pablo está diciendo es que las esposas deben seguir el liderazgo dado por Dios a sus esposos. Es interesante que Pablo dice «a sus propios maridos», dando a entender con claridad que ellas no tienen por qué someterse a todos los hombres, sino solo al hombre con el que ella decidió unirse de forma voluntaria. El sometimiento es un acto voluntario en el que una mujer, al casarse con un hombre, le dice «yo deseo seguir tu liderazgo que es dado por Dios».

> «Maridos, amad a vuestras mujeres, así como Cristo amó a la iglesia y se dio a sí mismo por ella, para santificarla, habiéndola purificado por el lavamiento del agua con la palabra, a fin de presentársela a sí mismo, una iglesia en toda su gloria, sin que tenga mancha ni arruga ni cosa semejante, sino que fuera santa e inmaculada. Así también deben amar los maridos a sus mujeres, como a sus propios cuerpos. El que ama a su mujer, a sí mismo se ama» (Ef. 5:25-28).

Así como existen tantos prejuicios en la mujer contemporánea con la palabra «sometimiento», también existen muchos prejuicios para con el liderazgo del hombre porque, por causa del pecado, él ha usado mal o ha abandonado su responsabilidad de liderar con sacrificio y amor a su familia. Por el contrario, muchos hombres le han entregado el liderazgo a sus esposas, han abandonado a sus familias o se han convertido en dictadores egoístas dentro de sus propios hogares. Nada más lejos del diseño divino.

Es interesante que Pablo habla directamente al hombre acerca de su rol de liderazgo. Lo hace de forma implícita en la exhortación que le hace a la mujer de someterse a su esposo.

Al hombre se le recuerda el noble mandato de amar a su mujer de una manera profunda y sacrificada. Creo que esto se debe a que, producto de nuestro pecado, en muchas ocasiones nos concentramos en el llamado a liderar, pero nos olvidamos de hacerlo con amor y conforme al ejemplo de Jesucristo.

Pedro nos dice que amemos de forma comprensiva (1 Ped. 3:7). Amar a nuestras esposas es también ejercer nuestro liderazgo de una forma en que no estamos pidiéndoles que nos sigan ciegamente, solo porque ellas están llamadas a hacerlo. Lo haremos de una forma en que ellas se sientan comprendidas y amadas. Para eso tomaremos en cuenta sus percepciones, esperaremos con paciencia la toma de una decisión hasta que sepamos que ellas son conscientes de que las hemos escuchado y las hemos tomado en consideración. El llamado a amarlas está basado en el milagro de ser una sola carne. Por eso, al liderarlas nos estamos liderando a nosotros mismos y lo hacemos con amor y comprensión, porque al amarlas nos estamos amando.

El llamado a reflejar el evangelio

Los hombres y las mujeres que siguen los roles asignados por Dios para el matrimonio logran alcanzar un propósito mayor que no es simplemente seguir una regla muerta. Ellos muestran al mundo una imagen gloriosa de la relación de Cristo con Su Iglesia. Los roles no son arbitrarios, sino que son diseñados para mostrar una realidad teológica: Cristo ama a Su iglesia y se sacrifica por ella. Él da Su vida por ella y por eso el marido sirve de forma sacrificial y entregada a su hogar. El liderazgo del hombre no es caprichoso ni autogratificante, sino que es uno en el que se entrega por completo para alcanzar el bienestar de su esposa. La mujer, en respuesta, sigue ese liderazgo de la misma forma en que la Iglesia sigue el liderazgo amoroso y sacrificado de Cristo.

La Trinidad

Uno de los aspectos controversiales al hablar de roles en este mundo posmoderno es que se piensa que la diferencia de roles equivale a una diferencia de valor. Esto quiere decir que si alguien está sujeto a la autoridad de otro esa persona tiene ontológicamente un valor menor que el que está en autoridad. Algunos cristianos intentan encontrar una respuesta a esa percepción negativa usando textos como este:

> «No hay judío ni griego; no hay esclavo ni libre; no hay hombre ni mujer; porque todos sois uno en Cristo Jesús» (Gál. 3:28).

A través de una incorrecta interpretación de este texto buscan argumentar que ya los roles no existen porque el evangelio ha roto las diferencias sociales y de géneros. Ellos intentan demostrar que los roles van en contra del principio nuevotestamentario que afirma que todos somos iguales. Lo que este argumento no tiene en cuenta es que el pasaje que mencionan en Gálatas está hablando de nuestra salvación común, en donde nadie es diferente en términos de experimentar la gracia de Dios. Pedro llama a las mujeres coherederas de la gracia (1 Ped. 3). Podemos ver con claridad que en Efesios, Colosenses, 1 Pedro y 1 Timoteo los roles por género no cambian la realidad de que somos iguales ontológicamente y en valor delante de Dios.

Lo más preocupante de este argumento que presenta la diferencia de roles como una diferencia en valor es que socava por completo al evangelio. Si este argumento es cierto, entonces Cristo no puede ser nuestro Salvador. Les voy a explicar, si la idea de que una mujer se sujete a la autoridad de un hombre la hace menos humana, entonces yo podría pensar que la idea de que Cristo se sujete al Padre lo hace menos Dios. Si Cristo no es Dios, entonces no puede ser Salvador y nuestra fe es vana. Por eso me atrevo a afirmar que los roles del matrimonio no solo reflejan la relación entre Cristo y la Iglesia, sino que reflejan la relación entre el Padre y el Hijo y, por ende, afirman el evangelio.

¿Cómo lucen los roles?

Uno de los problemas principales de este tema es que tenemos nuestro entendimiento manchado por el pecado y por eso tenemos una mala definición y percepción de muchos de los términos bíblicos usados para describir los roles del matrimonio. Por ejemplo, cuando pensamos en «liderar», de inmediato pensamos en un dictador que impone su gusto y sus decisiones egoístas. Cuando pensamos en «sometimiento», de inmediato pensamos en una persona débil y sin valor, algo menos que una sirvienta o una esclava. La Biblia presenta un cuadro completamente diferente.

El liderazgo del hombre debe reflejar el liderazgo de Cristo. El hombre debe tener una actitud como la que Pablo describe en su carta a los Filipenses, en donde nuestro Señor, de forma sacrificial, se entrega por los suyos. Muchas parejas vienen a mi oficina con grandes problemas porque el hombre piensa que la solución a todos sus dilemas radica en que la mujer se sujete a su liderazgo. Sin embargo, el problema es que usualmente lo que él llama liderazgo es solo que obedezcan sus caprichos. Él, por ejemplo, quiere la comida a cierta hora, que la ropa esté doblada en cierta forma o miles de tonterías más de gusto personal. El liderazgo del hombre debe comenzar siguiendo el ejemplo de Jesucristo. Ellos les muestran a sus familias que pueden confiar en su liderazgo porque están sometidos al señorío de Cristo.

Su liderazgo debe ser humilde porque está más consciente de su pecado que del pecado de su esposa. Su liderazgo debe ser uno de dependencia porque su vida de oración y estudio de la Palabra muestran su deseo de someterse a la autoridad de Dios. Si no puede sujetarse a la autoridad, ¿cómo puede exigir que otros se sujeten a él? Su liderazgo también fomenta la unidad porque desea traer a su lado a su esposa mientras buscan la dirección de Dios en decisiones de relevancia para la familia.

El llamado de la mujer a sujetarse no es seguir ciegamente el liderazgo de su esposo. No está llamada a pecar o ir en contra de su consciencia, pero sí está llamada a respetar y confiar en Dios con respecto a seguir la dirección del hombre que Dios le dio como esposo. Esto no quiere decir, de ninguna manera, que nunca dé su opinión ni aporte con ideas. Una esposa debe demostrar que respeta a su esposo. Nunca debe hablar despectivamente con otros de las debilidades de su esposo. Tampoco trata de manipularlo para conseguir lo que desea, sino que con paciencia y humildad apela a su esposo si es que no está de acuerdo con la dirección en la que está llevando el esposo a la familia en un área particular.

Dinámicas

Quisiera compartirles cómo lucen esas dinámicas en nuestra casa. Por la gracia de Dios, Kathy y yo tenemos claros estos principios bíblicos en nuestro matrimonio e intentamos que estos nos guíen siempre. Tenemos que reconocer también que estamos agradecidos con muchos que nos modelaron, pastorearon y con su ejemplo nos enseñaron el camino a seguir. Es importante que no lleven su matrimonio en soledad. Este libro y muchos otros son de gran ayuda, pero también se necesita de amigos y autoridades pastorales que nos ayuden a caminar de acuerdo con los roles que el Señor ha dejado establecidos en Su Palabra.

Es muy raro que tome una decisión importante en nuestra familia sin que consulte a Kathy y me asegure de que la he escuchado y que he podido, de una forma comprensible, ayudarla a estar segura y de acuerdo con la decisión que estamos tomando. Como ejemplo les puedo hablar del proceso de mi llamado al ministerio pastoral. Como líder y como principal afectado en el proceso siempre iba delante de Kathy. Había ocasiones en que estaba emocionado al pensar que Dios nos estaba llamando a servir a Su Iglesia a tiempo completo. Había momentos en que Kathy no reaccionaba con demasiada emoción porque ella todavía estaba procesando todo lo que estaba sucediendo y no terminaba de saber con exactitud cómo es que nuestras vidas iban a cambiar. Yo podía estar tentado a reaccionar ofendido y pensar que ella no me estaba apoyando, o temer que si ella no se unía al proceso podía ser descalificado. Sin embargo, por la gracia de Dios, me di cuenta de que mi llamado como líder no involucraba arrastrarla al pastorado, sino llevarla y guiarla con amor, comprensión y paciencia.

Había momentos en que ella no necesitaba que le comunicara todos los detalles de un proceso tan abrumador. Lo que sí necesitaba que le comunique era que yo la amaba más que el ser pastor y que si amarla significaba no ser pastor, entonces tenía claro que el llamado a amarla era primero que el llamado a ser pastor. Kathy siguió con gusto mi liderazgo y juntos pudimos caminar por un proceso difícil de una forma que nos ayudó a fortalecer nuestra relación, pero más importante aún es que Kathy pudo crecer en su confianza en mi liderazgo.

Tenemos que recordar que nuestras esposas no son nuestros hijos a los que regañamos y les decimos lo que deben hacer. Por el contrario, son nuestras ayudas idóneas que nos apoyan con su sabiduría y sus hechos piadosos. Quisiera añadir que mi deseo de liderar con humildad es tal, que Kathy sabe que, si en algún momento estoy siendo orgulloso o no estoy liderando de una forma comprensible, yo deseo que ella llame a un pastor para que me ayude en mi vida. Esta decisión no es una herramienta de manipulación y, por la gracia de Dios, Kathy nunca ha tenido que hacer eso, pero si mi deseo es glorificar a Dios más que tener la razón, entonces deseo ser ayudado si es que estoy cegado por mi pecado de orgullo.

Muchas veces escucho a mujeres humildes decir: «Yo lo sigo porque me someto a él». Quizás el esposo se siente muy orgulloso con su esposa sumisa. Pero en realidad, desde mi perspectiva y con base en mi propia experiencia, ese comentario solo demuestra una falta de liderazgo de parte del hombre. Lo que ella está diciendo entre líneas es: «No me queda otra alternativa más que seguirlo». Por el contrario, un líder conseguirá que su esposa lo siga con gusto porque confía en su liderazgo amoroso y comprensivo.

Uno de los pasajes que más temor trae a mi vida es el siguiente:

> «Y vosotros, maridos, igualmente, convivid de manera comprensiva con vuestras mujeres, como con un vaso más frágil, puesto que es mujer, dándole honor como a coheredera de la gracia de la vida, para que vuestras oraciones no sean estorbadas» (1 Ped. 3:7).

Yo no quiero que mis oraciones sean estorbadas. Entonces mi liderazgo debe caracterizarse por tratar a mi esposa como a un vaso más frágil, y asegurarme de que la estoy comprendiendo. No me mal interpreten, no estoy diciendo que eso significa que abdicamos a nuestro llamado a liderar y, en nuestro afán de ser comprensivos, hacemos finalmente todo lo que ellas desean. Lo que quiero decir es que no nos enseñoreamos sobre ellas y nos aseguramos de que no nos moveremos hasta que nuestro liderazgo haya ganado la confianza de nuestras esposas en una decisión.

Yo claramente lidero en nuestro hogar en decisiones como el presupuesto, la crianza de los hijos, adónde vamos a vacacionar, pero también reconozco que es de suma importancia para mí que Kathy esté involucrada por completo. Yo aprecio de una manera extraordinaria su contribución y deseo su apoyo y sabiduría en las decisiones. Hay momentos en que no estamos de acuerdo y podemos ir por diferentes caminos. Kathy podría decir que, aunque ella lo haría de una forma distinta, igual confiará en mi liderazgo y me acompañará. Sin embargo, en otras ocasiones buscaremos sabiduría de terceros. No es que busquemos a alguien de afuera para que declare un ganador, sino que, en una posición de humildad, reconocemos que no somos omniscientes y no siempre tenemos la mayor sabiduría en todas las áreas de nuestro matrimonio. Recordemos que uno de los principios que vimos en un capítulo anterior fue que somos una sola carne y que necesitamos siempre la perspectiva del otro. Es importante practicarlo siempre en un espíritu de humildad al tomar las decisiones.

Un área en la que Kathy siempre ha mostrado mucho respeto es en las tareas del hogar. Hay pasajes como Tito 2 y Proverbios 31 que nos muestran que la responsabilidad principal del manejo de la casa recae en el rol de la esposa. Mi deseo siempre será ayudar a Kathy. Por ejemplo, casi a diario yo me encargo de lavar los platos después de la comida. Yo le agradezco a Kathy porque siempre me pide que la ayude de una forma humilde y sin exigencias porque sabe que ese es su rol. Es obvio que soy un líder servicial y no me voy a negar a servir simplemente porque quiero ver un juego en la televisión, pero hay ocasiones en que ella entiende que puedo tener responsabilidades de mi llamado principal a proveer a la familia que no me permiten ayudarla ese día. No vemos el manejo de la casa como una decisión que se toma con base en tareas. Si la esposa ayuda al esposo en su labor de proveer para la casa con su trabajo, lo menos que se puede esperar es que el esposo la apoye en las tareas del hogar. Sería un poco injusto beneficiarme del cheque que ella trae y negarme a realizar ciertas tareas del hogar.

Decisiones en el momento

Hay decisiones que no se pueden discutir de antemano porque surgen de repente. Son decisiones que requieren de una respuesta inmediata y por las que es muy probable que no podamos tener una conversación para discutir la perspectiva de ambos. En esos momentos yo espero que Kathy confíe en mi liderazgo y que pueda hacerlo con gozo. Como me he esforzado para que mi liderazgo sea humilde, caracterizado por el servicio, que busca el bien común, en ese momento ella no se ve tentada a rebelarse porque no solo recuerda su llamado a sujetarse, sino que también puede recordar el historial de mi liderazgo.

Permítanme seguir dándoles algunos ejemplos personales. Como familia pastoral tenemos muchas cenas en nuestra casa. Con frecuencia, hermanos de la iglesia vienen a compartir o a cenar en casa. A Kathy le gusta lavar los platos en medio de la velada porque sabe que vamos a terminar tarde y ella prefiere dormir ocho horas cada noche. Cuando tenemos visitas que no son amigos cercanos, prefiero que ella permanezca conmigo durante la conversación y luego le ayudo más tarde. También prefiero que se quede conmigo cuando estamos teniendo una conversación en la que su participación es importante. Si ella, por alguna razón, deja la conversación, yo me excuso y voy donde ella para pedirle que regrese a la mesa. Es posible que ella tenga un compromiso temprano o que haya tenido varios días de mucha carga y esté cansada y con deseos de acostarse temprano. En momentos así, ella confía en mi liderazgo y regresa a la conversación porque sabe que no se lo hubiera pedido si no fuera necesario.

Con respecto a la disciplina de los niños cuando ambos estamos presentes, si yo estoy corrigiéndolos y ella no está de acuerdo con mi decisión de disciplinarlos o amonestarlos, ella no me lo dice en frente de ellos. Ella confía en mi liderazgo. Es común que hablemos después sobre lo sucedido y la decisión tomada. Eso me ayuda a poder liderar mejor en el futuro y le ayuda a ella a seguir mi liderazgo al poder conocer lo que yo estaba pensando al momento de disciplinar o amonestar a nuestros hijos.

Finalmente, no puedo dejar de afirmar que la asignación de roles no es un asunto machista inventado por hombres para que dominen a las mujeres y consigan lo que quieran en sus hogares. Nada más equivocado. Por el contrario, los roles son parte del diseño de Dios para que los matrimonios puedan reflejar el glorioso evangelio. Si nuestro mayor deseo y llamado es glorificar a Dios por medio de nuestros matrimonios, una de sus prioridades es seguir con fidelidad el plan de Dios en el que el hombre, de forma sacrificial y amorosa, sirve y la mujer con humildad sigue a su esposo. Que nuestros hogares reflejen el glorioso evangelio mientras nos sometemos a la autoridad mayor, nuestro Señor. Es cierto que este es un tema que para muchos parecería imposible de aplicar en sus vidas. Quizás ves a tu esposo dominante y te parece algo abrumador. O ves a tu esposa independiente y te sientes desanimado. Te animo a que camines esto paso a paso. Kathy y yo todavía batallamos diariamente en esta área, necesitamos el evangelio para recordarnos que el diseño de Dios es mejor que el nuestro. Si Dios nos ha podido ayudar a nosotros, te puede ayudar también a ti.

Preguntas de aplicación

Medita en los textos bíblicos que hablan sobre el liderazgo masculino: Génesis 1–2, Efesios 5:21-28, Colosenses 3. Piensa si confías en el diseño de Dios en esta área para tu matrimonio o si has aceptado las normas culturales modernas.

Mujer: piensa en conceptos no bíblicos sobre la sujeción que pueden ser de detrimento en tu corazón para seguir este mandato bíblico.

Hombre: piensa en conceptos no bíblicos sobre la autoridad que pueden ser de detrimento en tu corazón para que a tu esposa no le sea fácil seguir tu liderazgo.

Hombre: piensa en formas en las que has delegado tu liderazgo espiritual en el hogar.

Poner en práctica

- ....
- ....
- ....
- ....
- ....

DÍA 3
Compartir evidencias de gracia

Mi tendencia natural es ver las debilidades de las personas en lugar de sus fortalezas. Es muy posible que tú tengas esa misma predisposición. No hay duda de que se trata de una de las características que llevamos producto de que vivimos en un mundo afectado por la caída. Nuestra naturaleza pecaminosa nos lleva a ver los pecados de otros en lugar de observar los nuestros. En muchas ocasiones la vida del creyente es un continuo batallar contra lo que parece natural y aceptado por la sociedad y la cultura. Sin embargo, batallamos porque lo que se considera común en nosotros es, en realidad, contrario a lo que Dios nos llama a hacer. Por ejemplo, animar a otras personas no es algo que con frecuencia deseamos hacer. Por eso, tenemos que arrepentirnos de nuestro pecado de ser críticos, y muchas veces fríos, para con los demás.

¿Te has dado cuenta de que casi todos tenemos una persona cercana que es sumamente crítica? Quizás sea una tía, un hermano en la iglesia o un compañero del trabajo. Son de los que siempre comentan en voz alta y sin la mayor compasión cuando tu camisa no está bien planchada, o te dejan saber cuando los frijoles que le brindaste están un poco salados. Todos hemos sufrido la crítica que nos es lanzada de una forma no bíblica. No estoy diciendo que nunca debamos mostrarles a otros las áreas donde las personas requieren crecer, sino que estamos hablando de una persona con un espíritu crítico, que destruye en lugar de edificar.

De ninguna manera te ofreceré técnicas manipulativas para tu matrimonio, tales como: «Si animas a tu cónyuge, entonces las cosas mejorarán». El problema de una mentalidad así radica en que, cuando la técnica no nos dé el resultado que deseamos, simplemente vamos a dejar de utilizarla. Por ejemplo: es un error comenzar a animar a nuestra esposa para que ella, a su vez, nos dé ánimo a nosotros. En el momento en que ella nos critique terminaremos resentidos y la dejaremos de animar. Necesitamos creer que la Biblia nos llama a animar a otros para que estemos más alertas en el descubrimiento de las fortalezas de aquellos que nos rodean y que estemos dispuestos a impartirles ánimo. Eso es algo que la Biblia nos manda a hacer. Cuando tenemos convicciones bíblicas que están afirmadas en nuestro corazón, aun lo que parece extraño que hagamos, va a aflorar de manera natural por el poder del evangelio.

Bernabé

En Hechos 4:36, vemos que a Bernabé se lo conocía como «hijo de consolación» o de ánimo. Su verdadero nombre era José, pero era tan conocido entre los cristianos por ser una persona animadora, que lo llamaron Bernabé. Piensa en algunas personas que conozcas y que tienen ese efecto en otros. Puedo pensar en mi mamá porque ella siempre me animó y eso tuvo un profundo efecto en mi vida.

Podríamos ser como Bernabé en nuestro matrimonio y estar animando a nuestro cónyuge en vez de criticarlo. Tengo que reconocer con tristeza que la razón por la que muchas veces somos tan críticos con nuestros cónyuges es para sentirnos mejor con nosotros mismos. Al estar muy atentos a las faltas de los demás, nuestra conclusión necia es pensar que nosotros no somos tan malos como imaginábamos. El evangelio nos dice que somos peores de lo que pensamos porque nuestro pecado contra Dios es de un valor infinito porque pecamos contra un Dios infinito. Por otro lado, ese mismo evangelio nos indica que nuestro valor no se establece por comparación favorable o negativa con otras personas. Nuestro valor radica en que fuimos creados a la imagen de Dios y ahora para los que estamos unidos a Cristo esa imagen está siendo restablecida en nosotros de gloria en gloria.

1 Corintios: evidencias de gracia

En el libro del doctor Dan Carson, *La cruz y el ministerio cristiano*, aprendí de lo que se conoce como evidencia de gracia. El doctor Carson utiliza como ejemplo el ánimo continuo que Pablo le da a la iglesia de Corinto. El apóstol hace lo mismo en otras cartas, en especial en su epístola a los tesalonicenses, en la que los anima mucho a perseverar en la fe en medio del sufrimiento. Sin embargo, el caso de los corintios es increíble. Pablo tiene que corregirlos por serios problemas morales que se estaban presentando en la iglesia, tales como: la falta de disciplina a una persona que ha cometido inmoralidad sexual, el tratar de defraudarse unos a otros, tomar la cena del Señor indignamente, practicar los dones espirituales por mera vanagloria y no para la edificación de otros. Sin embargo, al leer el capítulo 1 vemos que Pablo no duda en animarlos mucho.

> «Siempre doy gracias a mi Dios por vosotros, por la gracia de Dios que os fue dada en Cristo Jesús, porque en todo fuisteis enriquecidos en Él, en toda palabra y en todo conocimiento, así como el testimonio acerca de Cristo fue confirmado en vosotros; de manera que nada os falta en ningún don, esperando ansiosamente la revelación de nuestro Señor Jesucristo» (1 Cor. 1:4-7).

Pablo agradece a Dios por la gracia que ellos han recibido. Lo interesante es que los anima porque no les falta ningún don, aunque él era consciente de que estaban abusando de los mismos. Pablo permitió que el evangelio lo guiara en la forma de mirar a los corintios. En lugar de ver cristianos que estaban teniendo dificultades, Pablo pudo ver gente redimida por la sangre del Cordero. Esa verdad le permitió observar no solo las áreas que necesitaban crecer, sino también aquellas áreas en donde Dios había derramado Su gracia. Cada área de fortaleza es una evidencia del trabajo de la gracia de Dios en nosotros. En nuestro matrimonio debemos buscar que el evangelio nos permita ver las manifestaciones de gracia en la vida de nuestra pareja.

Cuando vemos a nuestro cónyuge como una persona santificada por la sangre del Cordero, pero todavía en el proceso de crecer en santificación, somos más conscientes de las evidencias de gracia en ellos, porque las vemos como el obrar del Espíritu Santo. Entonces queremos darle gloria a Dios al dar cuenta de esas evidencias en la vida de otros. Con esto no me estoy refiriendo a que le digamos a nuestra esposa o esposo que vemos que están creciendo en ser más pacientes con los niños, o que notamos la forma en que están sirviendo en la casa, solo con el propósito de poder recibir el beneficio del halago. Hacer eso es pecado, ya que es solo adulación superficial e interesada. Por el contrario, les dejamos saber de esas áreas para que Dios sea glorificado y la persona sea animada al ver que Dios está trabajando en su vida.

Tú no sabes cuánto me anima cada vez que Kathy me agradece por mi trabajo como proveedor para mi familia, cuando me dice que admira mi perseverancia en medio de las dificultades, cuando me comenta que se siente protegida al estar casada conmigo. El propósito de su ánimo no es para que piense en el gran esposo que soy, sino en que Dios es misericordioso al cambiar un corazón egoísta por uno que desea servir a su familia. La forma en que Kathy me anima me hace recordar que Dios está en acción en mi vida y me alienta a continuar la lucha de la fe.

Cultivar agradecimiento: el evangelio

Meditar en la bendición que cada uno es para el otro es algo que nos ha ayudado mucho en el proceso de crecer en compartir evidencias de gracia. Durante mi tiempo devocional tomo unos minutos para dar gracias a Dios por la vida de Kathy y también pienso en cosas específicas que me bendicen de su vida. A veces se piensa que si alguien está demasiado agradecido de una persona, entonces va a llegar al punto de depender de esta persona. Ese es un pensamiento mundano, ya que en el diseño divino del matrimonio encontramos la dependencia humana más profunda que alguien pueda experimentar. De la misma forma que cada miembro de la Trinidad depende uno del otro, en el matrimonio también debemos depender el uno del otro. Por consiguiente, cada mañana agradezco a Dios por Kathy y me hago vulnerable al depender cada vez más de ella. Esa meditación en el reconocimiento de sus atributos, de su belleza física, de su diligencia en la casa, de su amor por nuestros hijos, de su gran respeto por mí, de su feminidad y de su profundo amor por Cristo y su Iglesia. Su respeto amoroso hacia mí hace que me enamore más de ella y vea que todo eso es una evidencia del trabajo de Dios en la vida de Kathy.

Quizás me puedes decir que no es fácil ver la gracia en la persona con la que te casaste. Si Pablo pudo ver la gracia en la iglesia de los corintios, estoy convencido de que todos podremos ver la gracia en la pareja que Dios nos ha dado. Por otro lado, lo que sí tenemos que hacer es recordar el evangelio para poder actuar de esta forma. Cristo ve a Su novia blanca y perfecta, y sabemos que la iglesia no es así, pero Él la ve a través de la realidad de la redención que logró en la cruz. De la misma forma, somos llamados a mirar a nuestra pareja como una persona que ha sido redimida y en la que Dios está trabajando poco a poco para restablecer la imagen de Cristo en ella.

Cuando el evangelio orienta nuestro matrimonio, eso se reflejará en el ánimo que nos demos el uno al otro. Tomaremos tiempo para agradecer en palabras por las múltiples evidencias de gracia que vemos en la vida de nuestra pareja. Dios se llevará la gloria por eso. Te animo a que practiques el meditar en agradecimiento por las áreas en las que Dios está trabajando en tu cónyuge. Ese agradecimiento se transformará en ánimo y terminaremos dando gloria a Dios.

Preguntas de aplicación

Medita en las áreas en las que tu cónyuge es fuerte y esa fortaleza te es de bendición. Cultiva un corazón agradecido por esas cosas y comunícale a tu cónyuge esa gratitud.

Piensa por qué es más fácil ver las debilidades de las personas, que ver dónde Dios está trabajando en ellas. ¿Cómo tu pecado influye en esto?

Saca tiempo para conversar con tu cónyuge acerca de las formas en que pueden comenzar a animarse mutuamente a la luz de la gracia del evangelio.

Poner en práctica

- ....
- ....
- ....
- ....
- ....

DÍA 4
Nos exhortamos a crecer

Grandes problemas en la historia fueron causados por personas que no supieron recibir críticas. Esas personas pueden esgrimir infinidad de razones para negarse a aceptar las observaciones que se hacían contra ellas. El problema es que algunos tienden a ignorar la crítica, mientras que una gran mayoría reacciona con violencia o desprecio ante sus críticos. La verdad es que muchas consecuencias desastrosas se hubieran podido evitar con una actitud distinta ante la crítica. Podríamos decir que algunos ataques terroristas, muertes prematuras y hasta desastres pudieron haberse evitado si las personas hubieran estado abiertas a escuchar y considerar la crítica.

¿Por qué no nos gusta que nos critiquen? Quizás no nos gustó el tono con el que se presentó la crítica. Otras veces la tomamos como un ataque personal. También podemos pensar que se trata de algo injusto o que no se nos dio la oportunidad de presentar nuestro descargo. Sea como sea, una gran cantidad de conflictos están ligados con un manejo incorrecto de la crítica. Por ejemplo, en el caso de las parejas, uno de ellos critica al otro y por allí comienza la guerra. Aprendamos cómo los creyentes debemos estar abiertos a recibir crítica porque la misma nos ayuda a crecer y ser más como Cristo.

El camino de la crítica

La verdad es que a nadie le gusta recibir críticas. No he conocido a nadie que me diga: «No veo la hora de llegar a casa para que mi esposa me señale todas mis fallas y debilidades». Tenemos que reconocer que mucho de esta actitud negativa es consecuencia de que la mayoría de las críticas son compartidas en juicio pecaminoso. Por eso, muchos ya están a la defensiva cuando alguien comienza a criticarlos.

Por otro lado, existen personas que son muy sensibles a la crítica y huyen de la misma; algunos usan la manipulación o se victimizan para zafarse de la situación. Podríamos decir que, en el mundo en que vivimos, la crítica es un catalizador para el conflicto. Como ya lo he dicho, la postura más común es la de defendernos cuando nos critican porque asociamos la crítica con ataques directos contra nuestra persona. No obstante, para que un matrimonio crezca, ambos debemos desear escuchar una buena crítica sobre áreas de nuestra vida en donde todavía podemos y debemos crecer.

¿Por qué nos defendemos?

Cuando alguien nos critica no solo vemos que están apuntando a un error que cometimos, sino que también están atacando nuestra identidad. Nos sentimos heridos porque sentimos que están diciendo que no somos tan perfectos como creíamos ser. Como somos seres caídos, no nos agrada que nos digan que no somos perfectos. Además, muchas personas viven de la aceptación y la adulación de los que los rodean. A veces me he sentido bastante desanimado los lunes y ese bajón anímico está relacionado con alguna crítica a mi sermón del día anterior. La forma de defenderme es aferrarme a la autocompasión y compadecerme de mí mismo pensando: *Ellos no saben el arduo trabajo que es servir a la iglesia; merezco un poco más de reconocimiento.* Pues allí está el problema, nos defendemos de la crítica porque queremos reconocimiento y gloria, nos encanta ser adulados y queremos que las personas nos hagan saber que ellas saben que somos maravillosos. Cuando alguien nos critica nos hace sentir que no lo somos, entonces peleamos, nos deprimimos o simplemente explotamos con rabia porque queremos gloria, la cual solo le pertenece a Dios porque Él es el único perfecto.

¿Qué nos dice la Biblia?

Hay varios pasajes de la Biblia que hablan de la crítica y mencionan que es sabio recibirla y considerarla. Hay ganancia al aceptar la crítica. Por eso David afirma: «Que el justo me hiera con bondad y me reprenda; es aceite sobre la cabeza; no lo rechace mi cabeza, pues todavía mi oración es contra las obras impías» (Sal. 141:5). También en Proverbios leemos: «El camino del necio es recto a sus propios ojos, mas el que escucha consejos es sabio» (Prov. 12:15).

La Biblia es clara al señalar que el recibir consejo es de sabios, pero el rechazarlo es de necios. Te pregunto: ¿por qué los proverbios dan tanto énfasis a recibir consejo? Porque recibir consejo es, en primer lugar, una actitud de humildad. En segundo lugar, es reconocer que siempre necesitaremos crecer porque no somos pecadores. En tercer lugar, el evangelio nos dice que somos pecadores y, por consiguiente, siempre estamos en la necesidad de corrección que nos lleve al arrepentimiento. Estamos abiertos a recibir crítica porque realmente la necesitamos.

La meta principal de cada creyente es ser moldeado cada día más a la imagen de Cristo. Esa meta nos debe llevar a considerar primero el mensaje de la crítica antes de siquiera empezar a defendernos, antes de suponer que es falso lo que nos están diciendo, y antes de simplemente no aceptarla solo por el tono que utilizaron para comunicarnos la crítica.

Nota que estoy utilizando la palabra **considerar**. No quisiera que caigamos en un extremo falso con esta enseñanza. Un extremo erróneo sería mostrar una falsa humildad y aceptar toda crítica, aunque no estemos de acuerdo. Esa manera de actuar se desvía de lo que estamos diciendo y queremos transmitir; es decir, que aceptamos la crítica para ayudarnos a crecer. Si la crítica compartida no es algo relevante en la vida de la persona que la recibe, sería contrario a la verdad del evangelio trabajar en un área en la que no hay debilidad. Debemos reconocer que el pecado nos ciega y debemos considerar lo que nos están compartiendo en crítica. Si nuestro deseo es ser más como Cristo, entonces podremos ver toda crítica como una oportunidad para identificar un área de pecado en nuestra vida y poder, por la gracia de Dios, reconocer ese pecado y ser más como Él.

¿Cómo aceptar la crítica?

En lugar de ver la crítica como un ataque personal, debemos verla como una oportunidad que podemos aprovechar para ser moldeados a la imagen de nuestro Salvador. Si somos conscientes del evangelio, no debemos temer a las críticas. Si Cristo murió por todos nuestros pecados, ya sean pasados, presentes o futuros, la consecuencia mayor de todo pecado que nuestros críticos puedan presentarnos ya fue resuelta en el Gólgota. La cruz nos da paz en medio de la crítica porque nos da convicción de pecado y, por lo tanto, vemos toda crítica como una oportunidad para arrepentirnos y crecer por medio del poder del Espíritu Santo.

Ninguna crítica nos debe asustar porque la misma cruz es el instrumento divino que más nos critica. La cruz demuestra mi culpabilidad. Mi pecado hizo que Cristo estuviera suspendido entre el cielo y la tierra por mí. Somos criticados más fuertemente por la cruz de Jesús que por cualquier otra crítica que me haga mi cónyuge, porque la cruz lleva sobre sí todos mis pecados y toda mi maldad. Así también la cruz nos llena de paz al reconocer que toda la consecuencia y poder de mi pecado fue completamente vencido en el Calvario y ahora, delante de mi Señor, no soy culpable, sino que tengo esperanza para no ser esclavo del pecado.

Alfred Poirier, en su ensayo *La cruz y la crítica*, comenta:

«A la luz del juicio de Dios y la justificación del pecador en la cruz, podemos comenzar a descubrir cómo podemos lidiar con toda crítica. Al estar de acuerdo con la crítica de Dios hacia mí en la cruz, puedo enfrentarme a toda crítica que pueda presentar el ser humano. En otras palabras, nadie me puede criticar más que la cruz. Y la crítica más devastadora viene a ser la mejor misericordia. Si tú te consideras crucificado con Cristo, entonces puedes contestar correctamente ante cualquier crítica, hasta crítica falsa y hostil, sin resentimiento, sin defenderte ni culpando a los demás».[4]

Estoy abierto a la crítica porque me santifica

Estamos abiertos a la crítica porque no tenemos sus consecuencias y siempre nos ayudará a crecer en santidad. En ocasiones mi esposa me dice: «Joselo, el comentario que me hiciste, parece que lo hiciste con impaciencia». Ya les he comentado que hay ocasiones en que tiendo a responder con rapidez y trato de defenderme. Sin embargo, cuando, por la gracia de Dios, puedo tener una actitud humilde, le digo: «Kathy, estoy consciente de eso, pero quiero escuchar tu perspectiva. Sé que puedo estar ciego a mi propio pecado. Ayúdame a ver si realmente actué con impaciencia». Mi deseo es descubrir si Dios me está dando la

---

4. Poirier, Alfred, *The Cross and Criticism*, The Journal of Biblical Counseling, volumen 17, número 3. Primavera de 1999.

oportunidad de identificar mi pecado. Si por la gracia de Dios soy convencido de pecado, eso me llevará a la cruz y a experimentar Su gran misericordia. Entonces, lo que pudiera haber sido una oportunidad para ofenderme, defenderme y armar una guerra con mi esposa, termina llevándome a experimentar la gracia y la misericordia de Dios.

La tentación de la crítica extrema

El lenguaje extremo en una crítica se ha convertido en una epidemia en una gran mayoría de matrimonios. Decimos, por ejemplo: «Nunca bajas la tapa del inodoro»; «Siempre te olvidas de sacar la basura». Tomamos las palabras «nunca» y «siempre» y entramos a la defensiva de inmediato. En vez de aprovechar la situación para crecer, la lucha radica en demostrar que nuestro cónyuge está equivocado porque algunas veces bajamos la tapa del inodoro, y en un par de ocasiones hemos sacado la basura. Te animo a no usar absolutos ni lenguaje extremo cuando quieras hacer alguna crítica. Los absolutos se usan para atacar y no para animar. El lenguaje extremo es muy posible que se base en una mentira y eso es una ofensa contra Dios. Si eres quien está recibiendo la crítica, igual te recomiendo que no dejes que eso detenga el proceso de darte la oportunidad de crecer. Si meditas en las situaciones que provocan la crítica (más allá de los absolutos y los extremos), podrás ver que no son permanentes, pero si se dan con bastante frecuencia, tómalo entonces con humildad y trabaja en esa área de tu vida y pide que la gracia de Dios obre tanto en ti como en tu cónyuge.

No le temas a la crítica; no huyas de ella. Cristo pagó un alto precio en la cruz por tu pecado. Veamos la crítica como un instrumento de la gracia de Dios para seguir creciendo y así glorificarlo en nuestra vida. Si mi deseo es ser como Cristo, debo estar dispuesto a recibir crítica para poder trabajar en áreas de mi vida que todavía requieren crecer. La verdad es que, si alguien conoce donde debemos crecer, esa persona es nuestro cónyuge. Recordemos que nos está criticando la persona que más nos ama y desea lo mejor para nosotros. Finalmente, podemos recibir crítica porque el evangelio nos muestra que nuestro Señor Jesucristo nos libra de la condenación, nos da el poder para abandonar nuestros pecados y vivir una vida transformada para la gloria de Dios.

Preguntas de aplicación

Contesta:

¿Cuál es mi reacción típica cuando recibo alguna crítica de mi cónyuge? ¿Tiendo a reaccionar y defenderme o estoy abierto a escuchar lo que las personas tienen que decir?

¿Las personas que me rodean se sienten en la libertad de compartir sus observaciones sobre áreas de mi vida en donde puedo crecer? ¿De qué formas podría hacer más fácil que mi cónyuge pueda sentirse en la libertad de criticarme?

Medita en lo que la cruz de Cristo dice sobre ti. La gran crítica que proclama sobre nuestra vida nos ayuda a ver las críticas que recibimos como instrumentos de crecimiento.

Poner en práctica

- ....
- ....
- ....
- ....
- ....

DÍA 5
Congregarnos es vital

Los creyentes casados debemos tener dos relaciones que se establecen bajo un pacto y que son de suma importancia en la tierra: la relación de matrimonio y la relación con una iglesia local. Vi un «meme» en estos días que decía que una persona no se une a un gimnasio local porque pertenece al gimnasio universal. Podrás tener la membresía de un gimnasio que está alrededor del mundo, pero solo podrás ejercitarte si asistes a uno de sus gimnasios locales. De la misma forma, todo creyente debe ser parte de una iglesia local. Por ende, las parejas no tan solo están comprometidas en su pacto matrimonial, sino que también ambos están comprometidos a tener una relación estable y firme con la iglesia de Cristo en una congregación local.

Algunas estadísticas señalan que los creyentes comprometidos con la iglesia solo asisten un promedio de dos veces al mes. ¡Y estos son los comprometidos! Asistir a la iglesia solo cuando lo necesito o lo deseo refleja nuestra cultura que enfatiza el consumismo. Vemos a la iglesia como un lugar que nos ofrece cosas que podríamos requerir. Por eso solo vamos cuando las necesitamos. Lo que realmente me preocupa como pastor no es que las personas falten los domingos, sino que falten sin sentir ninguna convicción al hacerlo. Algunos escudan su falta de asistencia a la iglesia porque consideran la asistencia regular como mera religiosidad legalista. Tengo que aclarar que no se trata de legalismo. Por el contrario, debemos dar a conocer nuestras creencias y los actos que se desprenden de ellas por medio de la Palabra de Dios. En este caso, necesitamos convicciones bíblicas que revelen nuestro corazón al momento de tomar la decisión de si tenemos una razón válida para no congregarnos o hacerlo solo de forma esporádica.

Este acercamiento despreocupado hacia la reunión de la iglesia viene de una mala enseñanza acerca del día del Señor. Quisiera compartirles mi convicción personal con relación a observar este día. Creo que guardar el sábat (reposo) del Antiguo Testamento tiene continuidad para el cristiano en el nuevo pacto, observándolo ahora en lo que se considera como el día del Señor.

Un tema de conciencia

En primer lugar, vale la pena dejar en claro que este es un tema de conciencia sobre el cual buenos hermanos han llegado a tener diferentes convicciones. En nuestra iglesia local no tenemos una posición definida para todos los miembros. Les he dado a conocer mi convicción, pero no la impongo. El apóstol Pablo dice: «Por tanto, que nadie se constituya en juez de ustedes (nadie los juzgue) con respecto a comida o bebida, o en cuanto a día de fiesta, o luna nueva, o día de reposo» (Col. 2:16, NBLH). Este pasaje me insta a no ponerme de juez sobre otros, pero sí deseo instruir a mis hermanos y que nuestra congregación forme sus convicciones de acuerdo con la Biblia.

Un mandato desde la creación

Aquellos que nos identificamos con la teología del pacto (que es un marco de referencia teológico que interpreta toda la Biblia por medio de los pactos que Dios ha hecho con Su pueblo, dándole unidad a toda la narrativa de la redención) vemos, a través de ella, tanto continuidad como discontinuidad entre el antiguo y el nuevo pacto. Analizaremos ambos aspectos a continuación.

El argumento principal y uno de los más convincentes de la continuidad del sábat es que se trata de un mandato dado en la creación. Los «mandatos de la creación» son los mandamientos dados por Dios antes de la caída. Así lo vemos en el Génesis:

> «En el séptimo día ya Dios había completado la obra que había estado haciendo, y reposó en el día séptimo de toda la obra que había hecho. Dios bendijo el séptimo día y lo santificó, porque en él reposó de toda la obra que Él había creado y hecho» (Gén. 2:2-3, NBLH).

Considero firmemente que los mandatos de la creación son normativos para los creyentes hoy, e incluyen el mandato de guardar un día de reposo santificado por Dios. Moisés apunta a este mandato de la creación como la razón por la cual Israel debía observar el día de reposo.

> «Acuérdate del día de reposo para santificarlo. Seis días trabajarás y harás toda tu obra, pero el séptimo día es día de reposo para el SEÑOR tu Dios. No harás en él trabajo alguno, tú, ni tu hijo, ni tu hija, ni tu siervo, ni tu sierva, ni tu ganado, ni el extranjero que está contigo. Porque en seis días hizo el SEÑOR los cielos y la tierra, el mar y todo lo que en ellos hay, y reposó en el séptimo día. Por tanto, el SEÑOR bendijo el día de reposo y lo santificó» (Ex. 20:8-11, NBLH).

Hay una falta de consistencia en los creyentes al practicar los mandatos de la creación. Por ejemplo, es común usar Génesis para defender y argumentar sobre el llamado al matrimonio entre hombre y mujer (Gén. 1:27), para defender el liderazgo masculino (Gén. 3:9), o el llamado a multiplicarnos y subyugar la tierra (Gén. 1:28). Todos estos principios se encuentran antes de la caída. Si usamos hoy estos mandatos como normativos para el creyente, ¿no deberíamos también incluir el llamado a guardar el día de reposo?

Un texto del profeta Isaías que ha hecho eco en mí durante el último año es el siguiente:

> «Si por causa del día de reposo apartas tu pie para no hacer lo que te plazca en Mi día santo, y llamas al día de reposo delicia, al día santo del SEÑOR, honorable, y lo honras, no siguiendo tus caminos, ni buscando tu placer, ni hablando de tus propios asuntos, entonces te deleitarás en el SEÑOR, y Yo te haré cabalgar sobre las alturas de la tierra, y te alimentaré con la heredad de tu padre Jacob; porque la boca del SEÑOR ha hablado» (Isa. 58:13-14, NBLH).

Este texto claramente llama a los creyentes a guardar estrictamente el día de reposo. ¿A qué creyentes se refiere Isaías? Lo interesante es que este pasaje hace referencia al futuro. Los capítulos 56 al 66 de Isaías llaman a los creyentes de todas las épocas a guardar el pacto. ¿Cómo se guarda el pacto? Desde la creación, y la forma más evidente, es observando el día del Señor. Todo lo que hacemos como creyentes tiene que ver con el pacto establecido por el Señor para que lo guardemos.

Del día de reposo al día del Señor

Dijimos que la teología del pacto ve continuidad y discontinuidad con respecto al antiguo y al nuevo pacto. La continuidad se encuentra en seguir observando el sábat, y la discontinuidad se encuentra en que ya no se celebra el sábado, sino el domingo. Por supuesto que este cambio genera algunas preguntas. ¿Por qué creo que el día de reposo debe observarse el domingo? La respuesta es sencilla: el Nuevo Testamento apunta en esa dirección. Así lo vemos en estos versículos:

«Y el primer día de la semana, cuando estábamos reunidos para partir el pan, Pablo les hablaba, pensando partir al día siguiente; y prolongó su discurso hasta la medianoche» (Hech. 20:7).

«Cada primer día de la semana cada uno de vosotros ponga aparte algo, según haya prosperado, guardándolo, para que cuando yo llegue no se recojan entonces ofrendas» (1 Cor. 16:2, RVR1960).

La iglesia del Nuevo Testamento comenzó a congregarse los domingos, el primer día de la semana, el día en que Jesucristo venció la muerte. Ese era el día en que Jesús venció a nuestro enemigo y es lo que ahora celebramos. Por lo tanto, parece que hay una transición del día de reposo del sábado al día del Señor del domingo. El día del Señor ahora representa la observación del reposo cristiano porque descansamos de nuestras obras para celebrar la resurrección de nuestro Señor.

¿Cómo se debe practicar este día?

Cada creyente debe tener convicciones propias basadas en su entendimiento de la Palabra de Dios. Algunos pensarán que ya el sábado ha sido cumplido en Cristo. Los que pensamos que el sábat continúa en el día del Señor, debemos también considerar que diferentes creyentes pueden observar este mandato de diferentes formas. Lo que no está en discusión es que todo creyente debe tomar con seriedad el reunirse regularmente en su iglesia local.

Nuestra familia ve el domingo como el día separado para adorar a Dios, descansar en Él y congregarnos con los santos. Les comparto algunas prácticas que, como familia, nos han ayudado a observar el reposo en el día del Señor.

- Nos restringimos de cualquier actividad que nos impida estar listos para participar del servicio.

- Desde el sábado estamos pendientes de ir a la cama a una hora adecuada para no estar soñolientos durante el servicio.

- Nuestros hijos no hacen trabajo escolar los domingos porque aun ellos descansan de sus ocupaciones y trabajos.

- Mi esposa se abstiene de realizar tareas domésticas que le generen preocupaciones adicionales que la mantengan distraída durante el servicio.

- Yo hago ejercicio los domingos muy temprano en la mañana; correr me ayuda a servir mejor durante ese día. Yo he percibido que los días que corro estoy más alerta y muchas veces pienso con mayor claridad.

Tengo la convicción de que a muchos les cuesta guardar el día del Señor porque piensan que el domingo les pertenece a ellos y no a Dios. Muchos sienten que es el día en el que ellos pueden hacer lo que les plazca y hasta lo sienten como un derecho inalienable. Defender nuestros derechos es una de las mayores prioridades del ser humano hoy en día. Lo escuchamos y lo vemos en manifestaciones públicas y hasta en berrinches individuales.

Al considerar lo que acabo de decir, pienso que hay áreas en las que los cristianos han adoptado esta misma mentalidad mundana. Sin embargo, Pablo nos presenta un concepto radicalmente diferente a lo que dice el mundo en su primera carta a los corintios: los creyentes debemos estar dispuestos a morir a nuestros derechos, por amor al que tiene una conciencia débil y por amor al evangelio (1 Cor. 8–9). No es que despreciemos la defensa de todos nuestros derechos, pero sí que el creyente debe considerar muchos otros aspectos desde el punto de vista divino antes de exigir simplemente que sus derechos sean respetados.

Libertades cristianas

Las libertades cristianas son actividades o acciones en las que los creyentes pueden participar sin pecar. Una de las mayores debilidades de la Iglesia hispana es que no ha sabido establecer categorías de libertades cristianas. Aunque la Biblia señala con claridad aquello que es pecado, la Iglesia además ha asignado como pecado actividades que no necesariamente son pecaminosas. Por ejemplo, en Corinto había cristianos que pensaban que comer ciertos alimentos era pecado (1 Cor. 8:8). Sin embargo, Pablo les enseñó que la abstención de algún tipo de alimento es una prerrogativa personal que no debe imponerse a otros creyentes que perciben que tienen absoluta libertad para comer cualquier clase de alimento.

Un problema con la libertad cristiana es que a los creyentes les interese más su «derecho» a hacer uso de esa libertad que amar a otros por causa del evangelio. Pablo exhorta a estas personas a que se abstengan de comer carne sacrificada a ídolos para no ser piedra de tropiezo entre aquellos que han decidido que ofenden al Señor si la comen (1 Cor. 8). De igual manera, Pablo también menciona que sacrificó su derecho a la libertad de tener una esposa para poder predicar más efectivamente (1 Cor. 9). Aunque tengamos libertades, debemos siempre ser conscientes de que hay otras prioridades que no son simplemente ejercer nuestros derechos.

El débil

El problema central que Pablo presenta en esta sección de su carta a los corintios es que la persona de conciencia débil puede terminar pecando al ver a otra persona con más conocimiento comer la carne del templo pagano, algo que no es inherentemente un pecado (1 Cor. 8). Desde mi perspectiva, estos términos de conciencia débil y fuerte han sido malinterpretados por mucho tiempo. Existen dos alternativas que son muy populares: 1) Hay cosas que no son pecado y que uno con conciencia fuerte puede practicar; 2) Hay cosas que no son pecado, pero el débil de conciencia piensa que sí los son y por eso no las practica.

Pablo no lo presenta de modo tan sencillo como las alternativas anteriores. La persona tiene una conciencia débil por falta de conocimiento (1 Cor. 8:7). Pablo explica en los versículos 1 al 6 por qué comer carne del templo pagano no es pecado, y en el versículo 7 nos muestra que no todos tienen ese conocimiento. Es usual que la persona que tiene una conciencia débil sea un nuevo creyente que está apenas empezando a aprender de la fe. Cuando un creyente más maduro en la fe participa en actividades que son cuestionables para el nuevo creyente, Pablo pregunta: «Porque si alguno te ve a ti, que tienes conocimiento, sentado a la mesa en un templo de ídolos, ¿no será estimulada su conciencia, si él es débil, a comer lo sacrificado a los ídolos?» (1 Cor. 8:10).

Esta es la conclusión a la que Pablo está llegando: practicar actividades que sabemos que no son pecado podrían llevar de vuelta a conductas paganas a hermanos sin conocimiento. Cuando identificamos una de estas acciones, ¿estamos dispuestos a morir a nuestro derecho a la libertad por amor al débil? A la vez, el débil no debe quedarse en la ignorancia, sino que debe ser discipulado para que su consciencia sea informada por la Palabra de Dios, no por sus experiencias, tradiciones, sentimientos ni prejuicios.

El día del Señor

La Iglesia ha procurado honrar el día del Señor a lo largo de su historia. Sin embargo, muchos ya no ven hoy la necesidad ni la obligación de asistir con regularidad a los servicios de la iglesia. Ellos simplemente dejan de asistir. Las razones para esa decisión no son muy profundas en términos prácticos, pero lo que sí queda claro es que han llegado a esa conclusión rechazando lo que la Biblia dice acerca de la reunión semanal de los cristianos.

Es posible que algunos piensen que no tienen que asistir a la iglesia porque tienen esa libertad, con base en una afirmación de Pablo: «Por tanto, que nadie se constituya en juez de ustedes (nadie los juzgue) con respecto a comida o bebida, o en cuanto a día de fiesta, o luna nueva, o día de reposo» (Col. 2:16, NBLH). Se basan en ese versículo para decir que nadie puede decirles cuándo ir o no ir a la iglesia. Pablo está hablando de fiestas judías, pero aun si lo aplicáramos al día del Señor, ¿cómo afectaría tu conducta al débil? Tú puedes considerarte «fuerte» y pensar que faltar varios domingos no te afectará, pero ¿cómo afectará al débil que está viendo cómo se comportan los cristianos más maduros? No olvidemos otras palabras de Pablo: «Y por tu conocimiento se perderá el que es débil, el hermano por quien Cristo murió» (1 Cor. 8:11).

Una gran mayoría de cristianos pone las fiestas familiares, los paseos dominicales, el cansancio, las enfermedades comunes o las actividades extracurriculares de sus hijos por encima del congregarse con su iglesia local. Lo hace sin pensar en el efecto que su ausencia tiene en otros. Sin embargo, lo peor es que muchos padres no ven que los creyentes con conciencia débil son sus propios hijos. Si faltas a la iglesia con regularidad, tus hijos podrían concluir, con justa razón, que otras cosas toman prioridad sobre la reunión de la iglesia local. No nos sorprendamos si al llegar a adultos, nuestros hijos no se aparecen por ninguna iglesia porque eso fue lo que les enseñamos. Llevar a tus hijos fielmente a la iglesia no garantiza que ellos serán creyentes, pero al menos sus conciencias serán informadas de forma correcta.

Las vacaciones tampoco son un impedimento para congregarnos porque aun durante ese tiempo buscamos una iglesia local que podamos visitar los domingos que estamos fuera. El Nuevo Testamento hace normativo para todos los creyentes el congregarse los domingos (Apoc. 1:10, 1 Cor. 16:2, Hech. 20:7). Por eso busco un lugar donde puedo adorar junto a miembros de la iglesia universal, pero también quiero educar a mis hijos. Les quiero mostrar que no vamos a la iglesia porque es el trabajo de papi, sino que vamos a la iglesia porque es lo que hacemos los creyentes los domingos, sin importar dónde estemos, y porque lo necesitamos para nuestra salud espiritual. Mi deseo es que su conciencia no sea débil, sino que esté formada por la Palabra de Dios. Si en la adultez deciden congregarse o no, al menos podrán decir que tenían conocimiento bíblico.

La relación de pacto de congregarnos es crucial para el matrimonio. Cristo murió por nosotros y Su salvación es por gracia. No obstante, ahora somos parte de Su reino y vivimos bajo Sus normas. Pablo le dijo a Timoteo que Jesús nos rescató (1 Tim. 2:6). Esto quiere decir que nos compró y nos sacó de nuestra esclavitud a precio de sangre. Ahora vivimos para Él. Desde mi perspectiva, no vamos a ver progresos significativos en nuestra relación hasta que nuestro matrimonio no esté centrado en el evangelio y vivamos para reflejarlo. Vivir en relación con la iglesia local debe ser una prioridad en todo matrimonio. Cada domingo Cristo es proclamado a los creyentes para que al verlo seamos transformados por el poder del evangelio. Este es el método divino principal de crecimiento en piedad. Si queremos ser más como Cristo para reflejar la gloria de Dios en nuestros matrimonios, es vital congregarnos para ver a Cristo y ser transformados por Su poder.

Preguntas de aplicación

Conversa con tu cónyuge sobre la importancia de congregarse para la salud del matrimonio. Escribe al respecto.

¿Tienes una convicción bíblica para congregarte? ¿Qué es lo que impide que tengas regularidad en tu asistencia a la iglesia?

¿Qué cosas han influenciado más en la forma en que tomas decisiones sobre asistir o no asistir los domingos a la iglesia? ¿Qué pasajes debes meditar para crear una convicción correcta?

¿Por qué tu matrimonio necesita escuchar la Palabra de Dios proclamada domingo tras domingo?

Poner en práctica

- -..
- -..
- -..
- -..
- -..

DÍA 6
Comunión bíblica

La Biblia señala con claridad que Dios salva a individuos para que sean parte de una comunidad de creyentes. El pueblo de Israel era la comunidad en el Antiguo Testamento. Ellos estaban organizados como una nación, un reino en el cual todos los judíos se identificaban. Era diferente en el Nuevo Testamento. Vivir en comunidad era algo esencial para los creyentes porque tenía que ver con su propia sobrevivencia. La persecución fue un catalizador que llevó a la iglesia a vivir en comunidades de creyentes.

Las cosas han cambiado mucho para los creyentes modernos. Vivimos en un mundo donde los adelantos tecnológicos permiten que vivamos vidas muy independientes y aisladas unos de otros. Por ejemplo, ya no necesitamos del vecino para tener pan y él no nos necesita para darle leche de nuestros animales. Ahora vamos a un supermercado y nos abastecemos de las cosas que necesitamos sin tener que hablar ni pedirle nada a nadie. Sin embargo, todavía dependemos los unos de los otros, aunque nos hayamos creído la mentira de que somos independientes y autosuficientes.

Esa misma mentalidad también ha invadido la iglesia del Señor. Pensamos que podemos vivir vidas independientes que no necesitan del cuerpo de Cristo. Pensamos que la iglesia es como un restaurante que sirve bufé y solo nos servimos de las cosas que nos gustan. Podríamos decir que solo vamos a degustar las prédicas de Michelén o Núñez, visitar al grupo de jóvenes tal por su grupo de alabanza y el domingo vamos al servicio de esa otra iglesia porque tiene buen ministerio de niños. Lo que no vemos es que tenemos una gran necesidad de vivir en comunidad para nuestro beneficio, pero también para el beneficio de otros creyentes. El autor de Hebreos exhortaba así a sus lectores:

«Mantengamos firme la profesión de nuestra esperanza sin vacilar, porque fiel es el que prometió; y consideremos cómo estimularnos unos a otros al amor y a las buenas obras, no dejando de congregarnos, como algunos tienen por costumbre, sino exhortándonos unos a otros, y mucho más al ver que el día se acerca» (Heb. 10:23-25).

Es interesante observar que la razón que da para no dejar de congregarnos no es producto de algún beneficio individual. El texto no dice: «no dejes de congregarte porque te vas a poner frío» o «no dejes de congregarte porque vas a sufrir en tu caminar». El llamado es para el beneficio de otros, para que puedas estimular a otros. La única manera de hacerlo es viviendo en comunidad. Solo podré estimular a personas con las que tengo una relación, a las que conozco y producto de esa relación puedo hablar a sus vidas para animarlos a que se mantengan firmes en la fe.

La única forma de vivir ese llamado es siendo parte de una iglesia local. Entiendo que el llamado principal de un matrimonio es trabajar por la unidad del mismo para la gloria de Dios. Sin embargo, uno de los compromisos esenciales de ese llamado a vivir como una sola carne es que ambos deben congregarse en un lugar donde sean parte de una expresión local del cuerpo universal de Cristo. De la misma forma en que el matrimonio refleja la unidad de Cristo con la iglesia, ese matrimonio debe practicar esa unidad al estar unido con la novia de Cristo. Ser parte de la iglesia local es una manifestación del efecto del evangelio en un individuo y, por consiguiente, en su matrimonio.

En el libro de los Hechos, vemos que uno de los primeros reflejos de la obra del evangelio en la vida de la iglesia recién nacida, fue vivir en comunidad:

«Entonces los que habían recibido su palabra fueron bautizados; y se añadieron aquel día como tres mil almas. Y se dedicaban continuamente a las enseñanzas de los apóstoles, a la comunión, al partimiento del pan y a la oración» (Hech. 2:41-42).

Este texto nos muestra que uno de los frutos de la conversión de tres mil personas fue vivir en comunidad. Su primer impulso fue unirse al resto del cuerpo de Cristo. Esa era la forma en que ellos vivirían de ahora en adelante sin importar cómo cambien sus circunstancias. Siempre formarían parte de una comunidad de forma activa y presente. Hoy en día no lo vemos de la misma manera. Por ejemplo, yo he visto muchos solteros que están muy involucrados con su iglesia local hasta el momento en que se casan. Luego su relación matrimonial los absorbe tanto que dejan de participar con regularidad en sus iglesias. Desde el punto de vista bíblico, es un error no centrar un matrimonio en el contexto del plan de Dios, en medio de una comunidad donde el evangelio es reflejado y proclamado.

Una parte central de lo que significa estar involucrado en una iglesia local es tener comunión bíblica con otros hermanos. Observo esto en la descripción de Lucas de la iglesia primitiva en donde ellos vivían juntos (Hech. 2). No era simplemente ir cada domingo a un servicio porque además se trataba de partir el pan, reír juntos, llorar en momentos difíciles y abrir nuestras vidas para que sean examinadas y animadas por la comunidad de creyentes. Cada matrimonio necesita vivir en la luz al ser observado por otros creyentes y así poder recibir ánimo y corrección de parte de otros hermanos. La comunidad de creyentes tiene un papel de suma importancia en el crecimiento y el fortalecimiento de cada matrimonio que forma parte de la comunidad.

Kathy y yo experimentamos esto por primera vez cuando nos mudamos a Estados Unidos. Comenzamos a asistir a una iglesia que era muy intencional en la búsqueda de que sus miembros tuvieran una buena comunión bíblica. No les niego que al principio fue un reto abrir nuestras vidas frente a otras personas. Sin embargo, poder darnos a conocer tal como somos nos ayudó a entender la doctrina del pecado, la realidad de que todos los que participábamos de un grupo pequeño estábamos juntos caminando en pos de la santidad. También nos ayudó a ver que todos entendíamos que éramos imperfectos y por eso no había una actitud de juicio, sino que practicábamos la restauración con la mansedumbre de una persona que ha pecado (Gál. 6:1). Todos en el grupo éramos conscientes de la necesidad que teníamos de ayudarnos unos a otros y eso creaba un ambiente de confianza para abrir nuestras vidas, pedir ayuda, recibir consejo y crecer en el Señor para Su gloria.

Lo que no es la comunión bíblica

Es importante entender lo que no es comunión bíblica. No se trata, en primer lugar o como motivación principal, de hacer actividades sociales, pasar un buen tiempo juntos y hacernos de muchos amigos. No me malentiendas. Creo que la comunión bíblica involucra mantener una base de confianza que se edifica al tener actividades sociales. Mi problema radica en que conozco iglesias que son excepcionales en crear actividades sociales, pero no destinan tiempo para tener conversaciones de importancia espiritual. No hay, por ejemplo, tiempo para confesión de pecados o rendición de cuentas. Por otro lado, también he visto lugares en donde la *koinonía* se limita solo a confesar pecados y se olvida de otros aspectos de suma importancia para vivir en comunidad. La comunión bíblica tampoco es un estudio bíblico ni un grupo de oración. Conozco grupos a los que les encanta estudiar la Palabra, pero no abren su vida para que otros la examinen a la luz de lo que van aprendiendo en la Escritura.

Lo que es la comunión bíblica

La comunión bíblica es un grupo de creyentes comprometidos a una iglesia local que viven sus vidas juntos, rindiendo cuentas, animándose y retándose de formas bíblicas para llegar a la estatura de la plenitud de Cristo. Mencionaré varias cosas importantes de esta definición:

1. Es un grupo de creyentes

   Para que haya comunión bíblica, los participantes tienen que ser creyentes. Como somos uno dentro del matrimonio, debemos experimentar comunión bíblica el uno con el otro, pero también el matrimonio con otros miembros de la iglesia. La comunión bíblica y la iglesia local van de la mano. Una de las cosas que más ayuda a crecer a los matrimonios es tener modelos bíblicos de matrimonios que, aunque imperfectos, buscan vivir sus vidas a la luz del evangelio. He visto iglesias en las que los matrimonios sufren mucho porque no hay modelos de piedad que sean dignos de ser imitados.

2. Es importante vivir juntos

   Estas personas te conocen; conocen sus matrimonios, sus fortalezas, sus debilidades, sus conflictos, sus alegrías y sus tristezas. Es vivir en la luz mostrando el poder del evangelio en el matrimonio y su constante lucha contra el pecado. Esto requiere intencionalidad. Las relaciones profundas toman años y requieren de una inversión de tiempo y recursos. Son personas con las que sales, cenas, compartes. Para sentirte cómodo y abrir tu vida, necesitas sentir confianza y la única forma de lograrlo es compartiendo tiempo.

Kathy y yo tenemos tres familias que son un regalo de Dios para nosotros. Juntos hemos crecido en el evangelio. Las tres familias llegamos a la misma iglesia cuando todavía no teníamos hijos. Hemos compartido lágrimas, alegrías, nos hemos tenido que perdonar, hemos celebrado nacimientos de niños y hemos llorado tragedias desde el año 2002. No obstante, lo más importante es que nos hemos retado a vivir de acuerdo con el evangelio. Todavía estamos creciendo y sabemos que estaremos juntos sin importar lo que suceda. La Biblia siempre estará en el centro, animándonos y retándonos a vivir para la gloria de Dios. Kathy y yo hemos ampliado nuestro círculo de comunión con el paso del tiempo, pero necesitamos a nuestro alrededor personas confiables que sabemos que estarán con nosotros siempre. Cada matrimonio necesita cultivar este tipo de relaciones para experimentar comunión bíblica.

Cambiar de iglesias

En este mundo ultra individualista, es importante que los matrimonios no consideren como algo trivial cambiarse de una iglesia a otra. No es fácil cultivar relaciones significativas, y si estamos mudándonos con regularidad por diversas situaciones que no son trascendentales —como por ejemplo, cada vez que se presenta una promoción en el trabajo, o cuando queremos mudarnos a un mejor clima—, eso creará cierta dificultad para cultivar verdadera comunión bíblica. No estoy diciendo que no podemos mudarnos, pero debe ser una decisión madura que tome en cuenta no solo nuestros intereses personales o financieros, sino también cómo afectará a la iglesia local en la que participamos y cómo tendrá repercusiones en la comunión bíblica del matrimonio.

Cuando tenemos vida de comunidad será natural animarnos y corregirnos bíblicamente, rendir cuentas, confesar nuestros pecados y recibir ayuda para vivir una vida transformada. Las vidas de comunidad deben ser vidas abiertas. Vivir en comunidad es clave para el matrimonio porque nos permitirá buscar ayuda cuando la necesitamos. En el matrimonio debe existir la humildad para reconocer que, en ciertas ocasiones, ellos van a necesitar la perspectiva de amigos cercanos para resolver conflictos, sabiduría para tomar decisiones y apoyo en la tarea de criar a los hijos.

Mi esposa, Kathy, tiene el número de teléfono de varias personas a las que puede llamar con mi consentimiento cuando ella vea que yo no estoy viviendo como debiera vivir en casa. Esto no es manipulación, sino que es algo que yo necesito porque sé que no puedo confiar en mí y que hay momentos en los cuales necesito ser corregido por otros. En muchas ocasiones nos hemos reunido con amigos para pedir consejo, porque ninguno de los dos encontrábamos la solución a un conflicto. Hace falta humildad para saber que en esas reuniones seremos retados, corregidos y se hará evidente que algo hicimos algo mal, pero esa es la bendición de vivir bajo la protección de una comunidad bíblica donde todos estamos buscando crecer en el Señor. Podemos abrir nuestra vida sabiendo que todos somos pecadores que necesitamos de un Salvador.

Matrimonios: no vivan solos, no se aíslen, vivan bajo la bendición de vivir en comunidad. Eso es también un reflejo del evangelio en sus vidas. Amar a la iglesia es amar a Cristo, ya que la iglesia es la novia de Cristo. Arrepintámonos de vivir de forma independiente y abracemos el diseño de Dios de vivir en comunidad. Vidas abiertas para ser animados, ser corregidos y, más que nada, para caminar todos juntos para la gloria de Dios.

Preguntas de aplicación

Conversa con tu cónyuge sobre la importancia para el matrimonio de vivir en comunión bíblica con otros creyentes.

¿Qué pasos intencionales pueden tomar como pareja para crear relaciones significativas con otros creyentes?

Poner en práctica

- ....
- ....
- ....
- ....
- ....

DÍA 7
Reflexión al final de la semana: somos intencionales en nuestras relaciones

Dios creó a los seres humanos para que sean relacionales. Nos creó para relacionarnos con Él y para relacionarnos con otros seres humanos. Estamos reflejando al Dios trino, que es un Dios que se relaciona entre las tres personas de la Trinidad por toda la eternidad, al relacionarnos con otras personas. Tengo un amigo que me dice que le gusta estar solo y no puedo negar que él representa un estilo de vida individualista que está muy de moda en nuestros días. Aunque es bueno tener momentos de soledad, no podemos vivir así toda nuestra vida. Vivir aislado y pensar que estamos mejor cuando estamos solos es contrario a la enseñanza bíblica. Somos creados para tener relaciones y debe ser un gozo para todo creyente el tener comunión con otros. Vivir en comunidad y relacionarnos debe ser una prioridad para todos porque así nos ha creado el Señor y así espera que nosotros vivamos.

Uno de mis versículos favoritos en la Biblia se encuentra en la primera carta del apóstol Juan: «Lo que hemos visto y oído, os proclamamos también a vosotros, para que también vosotros tengáis comunión con nosotros; y en verdad nuestra comunión es con el Padre y con su Hijo Jesucristo» (1 Jn. 1:3). Juan dice que proclamó el evangelio a esos hermanos para que pudieran tener relación y comunión con Él. Cuando tenemos relación con otros creyentes estamos teniendo relación con Dios. Parte de lo que Juan comunica es que las verdaderas relaciones solo suceden cuando el evangelio nos une con Cristo y, por ende, cuando nos relacionamos, los creyentes unidos en Cristo nos estamos relacionando con Dios.

Si estamos llamados a tener comunión con Dios y con los hermanos en Cristo, ¡cuánto más estamos llamados a tener comunión con nuestro cónyuge! En la relación matrimonial entre creyentes no solo estamos unidos en Cristo, sino que hay una unidad profunda en la que dos son uno. Por consiguiente, es imperativo que se cultive comunión bíblica entre ellos. Debemos estar motivados a trabajar en nuestra comunicación, amistad y unidad porque estamos unidos en Cristo y somos una sola carne.

Tengo una pregunta para ti: ¿Eres intencional en tener comunión con tu cónyuge? Es obvio que si estás casado con un inconverso no es posible tener comunión bíblica con él o ella. En ese caso estás llamado a aplicar los principios que Pablo estableció en su primera carta a los corintios, en la que enseña que tu santidad es un instrumento para alcanzar a tu pareja (1 Cor. 7). Sin embargo, para que dos creyentes, dentro del matrimonio glorifiquen a Dios, tendrán que relacionarse como creyentes y tener relaciones centradas en el evangelio. Debemos tener tiempo para reírnos, compartir y disfrutar, pero también tiempo en el que oremos, nos animemos con la Palabra, adoremos al Señor juntos y compartamos con otros hermanos en la fe.

¡Qué bendición es poder ser una sola carne con alguien que también es uno con Cristo! Que nuestras relaciones sean reflejos del Dios trino al relacionarnos profundamente y no de forma superficial. Que podamos ir juntos al glorioso Salvador, el cual murió para que ambos podamos tener comunión con Dios mismo.

PREGUNTAS DE APLICACIÓN

Identifica áreas donde puedes crecer en comunión bíblica en tu relación matrimonial.

Conversa con tu cónyuge acerca de formas prácticas que pueden implementar para tener pláticas centradas en la Palabra.

PONER EN PRÁCTICA

- ....
- ....
- ....
- ....
- ....

Semana 4

El disfrute mutuo es vital

DÍA 1
Mi mejor amigo

Mi esposa, Kathy, es mi mejor amiga. No existe ninguna otra persona con la que disfruto compartir más en todo el planeta tierra. No me malinterpreten, por supuesto que amo estar con mis hijos, pero mis días favoritos son los dos o tres días anuales que tomo con mi esposa para estar solos. No es únicamente un tiempo para mantener viva la llama romántica, sino también para invertir en el fortalecimiento de nuestra amistad. Buscamos simplemente ser amigos que pretenden, de forma intencional, cultivar y hacer crecer nuestra amistad. Yo planifico ese tiempo juntos para que esté lleno de descanso, risas, conversaciones y cosas divertidas. Mi deseo es que sigamos siendo dos novios que quieren pasar juntos cada segundo disponible.

Me he dado cuenta de que muchos matrimonios se cansan de compartir con el paso del tiempo. Ellos han olvidado sus largas conversaciones, las caminatas interminables tomados de la mano y lo mucho que se divertían estando juntos. Es posible que las dificultades de la vida, la crianza de los hijos, los problemas financieros y tantas otras cosas que forman parte del diario vivir hayan marchitado la amistad entre ellos. Ya no saben ser amigos y se han convertido en una sociedad en donde continúan juntos porque simplemente las familias se mantienen juntas. Tú te encargas de estas cosas y yo de estas otras. Vivimos como si manejáramos una empresa y no como amigos que disfrutan estar juntos y hacen las cosas producto del amor que se tienen.

La unidad en el matrimonio no puede ser simplemente física, solo producto de vivir bajo un mismo techo y compartir ciertas responsabilidades. Creo que es de suma importancia recalcar que, para cultivar la unidad en el matrimonio, se debe fomentar una amistad profunda entre ambos cónyuges. Cuando hablamos de amistad, debo aclarar también que tu cónyuge no es tu amigo de la misma forma en que mantienes amistades fuera del matrimonio. Por ejemplo, a mí me encanta hacer bromas, y con mis amigos nos reímos mucho de nosotros mismos. Sin embargo, no es algo que hago con mi esposa. Mi amistad con ella se manifiesta a través del tiempo en que disfruto de su compañía y del placer que nos produce estar juntos. La manera en que manifestamos nuestra amistad se puede observar de diferentes formas, dependiendo de cada pareja. Para mi esposa, la amistad significa pasar tiempo conversando y que yo pueda escucharla con atención. La amistad para mí es ir a cenar juntos, pasar un buen tiempo y visitar lugares. Cada pareja, de acuerdo con sus personalidades y circunstancias, debe buscar formas que ayuden a su matrimonio a disfrutar de la compañía de ambos.

Ser amigo es también servirnos mutuamente el uno al otro. He escuchado a muchos hombres decir que es difícil ser amigo de su esposa porque ellas tienen gustos diferentes a los de ellos. Ahora recuerdo el primer verano que pasamos en Estados Unidos. Yo planifiqué la visita a todos los estadios de béisbol del este del país. Ella me acompañó de buen ánimo al Yankee Stadium en Nueva York, al Fenway Park en Boston y al PNC Park en Pittsburg. Después de la última visita me sugirió que encuentre un amigo para seguir con mi *tour* o que venda las taquillas. De seguro ya se dieron cuenta de mi error, busqué hacer algo que me gusta a mí y no pensé nunca en algo que ambos podíamos disfrutar.

Tengo que reconocer que aprendí de mi error y ahora ambos hacemos cosas para servir al otro. Ya les he contado que Kathy casi siempre accede a que tengamos nuestras citas semanales en la ciudad de Washington D. C. La capital nos queda a unos 40 kilómetros de distancia y con tráfico puede tomarnos como una hora manejar para llegar a nuestro destino. Yo sé que ella lo hace porque yo lo disfruto. Yo también he aprendido a ver algunos programas de TV sobre decoración de casas, porque mi esposa los disfruta. Sin embargo, no basta solamente negarse un poco y hacer las cosas que el cónyuge disfruta. También es importante encontrar terreno en común, buscando las cosas que nos gustan a los dos. Por ejemplo, nos encanta conocer otras ciudades, ir al teatro, tener largas caminatas mientras conversamos y muchas cosas más que nos gustan a los dos. Ella me escucha hablar de teología y maratones, y yo la escucho hablar de lo que ha aprendido del ministerio femenino Aviva Nuestros Corazones, la escuela de los niños o la decoración de la casa. Amistad significa mostrar un genuino interés por las cosas que son importantes para el otro.

Recuerdo varias semanas después de nuestra boda, habíamos regresado de la luna de miel y estábamos acostumbrándonos a la rutina del matrimonio. Una persona nos preguntó qué era lo que más disfrutábamos luego de casarnos. Lo que más disfrutábamos era que podíamos estar juntos todo el tiempo. Nos acordábamos de las noches en que dejaba a Kathy en su casa luego de haber salido juntos o haber ido a la iglesia. Siempre me costaba dejarla en su casa porque nuestro deseo era compartir 24/7 y el resto de nuestra vida juntos. Nosotros deseábamos consumar nuestro matrimonio y ser una sola carne, pero todos nuestros deseos se fundamentaban en el anhelo de seguir compartiendo nuestra genuina amistad. Durante nuestro año de noviazgo y antes de casarnos, yo vivía en Atlanta y ella en Puerto Rico. La distancia física permitió que desarrollemos la práctica de conversar. Una relación de larga distancia nos obligaba a hablar, ya que lo único que nos unía era el teléfono (hace 20 años no había Skype ni WhatsApp). Disfrutábamos hablar, reírnos y ser amigos a pesar de la distancia física. Muchas veces pienso en los momentos en que dejaba a mi amiga en su casa y yo tenía que irme. Ahora que ella vive conmigo, no quiero perder de vista ese deseo de mantenerla conmigo todo el tiempo. Por eso me motivo, de forma intencional, a trabajar para fortalecer siempre nuestra amistad.

La Biblia claramente apunta a la necesidad de tener compañía. En el libro de Génesis, Dios declara que no es bueno que el hombre esté solo. Matthew Henry lo comenta de la siguiente manera: «Porque el hombre es una criatura sociable. Una soledad completa habría convertido el paraíso en un desierto, y un palacio en una prisión».[5]

Es cierto que Pablo resalta la utilidad de aquellos llamados a ser célibes para el reino en su primera carta a los corintios, pero esa es una excepción porque la realidad es que Dios nos creó como seres sociales que buscan tener relaciones significativas. Dentro de ellas, la más significativa de todas debe ser la relación con tu cónyuge.

Es importante que meditemos en lo difícil que era nuestra vida cuando estábamos solos y no teníamos compañía íntima. A veces nos concentramos demasiado en las dificultades de la convivencia en el matrimonio y nos olvidamos lo difícil que es vivir solos. Podrías decirme: «Créeme, es mejor vivir solo que con mi cónyuge». Cuando dices eso no estás defendiendo la soledad, sino que te estás quejando porque tu relación matrimonial se ha deteriorado hasta el punto en que parece imposible ser amigos. Sin embargo, tengo que testificar que he visto una y otra vez el poder del evangelio, restaurando poco a poco la confianza y el disfrute de la compañía mutua entre los esposos. Si te encuentras en esa posición de dificultad producto de la pérdida

---

5. Henry, M. y Lacueva, F. (1999). *Comentario Bíblico de Matthew Henry* (p. 19). 08224 TERRASSA (Barcelona): Editorial CLIE.

de la amistad, una de las formas por las que podemos empezar a cultivarla de nuevo es recordando lo difícil de la soledad y la bendición de Dios al habernos provisto de una compañía. Si empezamos agradeciendo esta bendición, eso hará que apreciemos más la compañía de nuestra pareja y que comencemos entonces a reparar el distanciamiento que poco a poco ha ido fragmentando el matrimonio.

Una decisión que Kathy y yo tomamos desde nuestro noviazgo fue que no íbamos a tener amigos fuera de nuestra amistad. En especial amigos del sexo opuesto. Esto lo hicimos con mayor intencionalidad luego del matrimonio. Nuestros amigos personales tenían que ser amigos de ambos. No estoy diciendo que Kathy está conmigo cada vez que me reúno con un amigo, pero sí que ella forma parte de todas mis relaciones de amistad. Cuando llego de compartir un tiempo con amigos, yo tiendo a contarle a Kathy acerca de lo que hicimos y de lo que hablamos. También incluyo a Kathy en todas las bromas que nos hacemos mis amigos y yo. Yo no tengo nada que ocultarle a ella, y eso también incluye mis relaciones con otras personas. Ella y yo somos uno, y eso se refleja en todas las facetas de mi vida. Cultivar amistades que no están incluidas en el matrimonio puede generar un distanciamiento con el cónyuge y hacernos creer la mentira de que no necesitamos de la compañía y la amistad provista por Dios en nuestros cónyuges.

Quisiera compartir contigo varios principios bíblicos que debemos creer y aplicar con el fin de cultivar la amistad en el matrimonio. En primer lugar, es mejor dos que uno. Hay una fortaleza sinérgica cuando dos se unen en matrimonio. Este principio bíblico lo vemos ilustrado en las leyes físicas. Una varilla de acero de construcción no es suficiente para sostener una columna. No obstante, cuando unimos varias varillas, eso crea la suficiente distribución de carga para sostener el peso de lo construido. De la misma forma, Dios une a dos personas para ser uno, haciéndolos más fuertes para enfrentar los retos de vivir en un mundo caído. La cultura contemporánea nos quiere hacer creer la mentira de que sería mejor estar solos, pero la Palabra de Dios nos dice lo contrario.

«Más valen dos que uno solo, pues tienen mejor remuneración por su trabajo. Porque si uno de ellos cae, el otro levantará a su compañero; pero ¡ay del que cae cuando no hay otro que lo levante! Además, si dos se acuestan juntos se mantienen calientes, pero uno solo ¿cómo se calentará? Y si alguien puede prevalecer contra el que está solo, dos lo resistirán» (Ecl. 4:9-12).

Este pasaje demuestra este principio en el que se observa la bendición de vivir en la comunión del matrimonio. Cuando me he sentido débil y desanimado, Kathy siempre ha estado a mi lado para sostenerme y animarme. No puedo imaginar lo que sería mi vida sin ella en esos tiempos difíciles. Ella ha sabido levantarme y llevarme a la Palabra de Dios para mirar la bondad de Cristo para conmigo y me ha hecho saber que estará conmigo en buenas y malas circunstancias. El versículo 11 del pasaje que acabamos de leer es una imagen de la belleza del matrimonio. En una noche fría nos tenemos el uno al otro para calentarnos. Aunque podría tener muchas implicaciones íntimas, se aplica, más bien, a la frialdad de las dificultades, cuando es hermoso tener a alguien junto a nosotros que nos ayude a pasar esos momentos.

La unidad con nuestra pareja se fortalece en tiempos difíciles cuando somos amigos. En 19 años de casados hemos experimentado diferentes dificultades tales como relaciones rotas con familiares o personas trayendo problemas a la iglesia. La amistad que tenemos con mi esposa nos unió en lugar de dividirnos durante esos tiempos difíciles. Los tiempos de dificultad destruyen los matrimonios porque, en parte, no nos vemos como amigos que se apoyan mutuamente, sino como enemigos o hasta desconocidos que solo traen mayor dificultad a una situación que ya es complicada. Sin amistad y diálogo siempre tendremos perspectivas diferentes. Por ejemplo, como ya les he comentado antes, hay muchas ocasiones en las que Kathy y yo experimentamos dificultades familiares y tendemos a ver las cosas de forma diferente. Esa situación podría separarnos o podríamos considerar que, a pesar de esas diferencias, al final tenemos a Dios y nos tenemos el uno al otro para caminar por esa situación. Bien dice el proverbio:

> «En todo tiempo ama el amigo,
> y el hermano nace para tiempo de angustia»
> (Prov. 17:17).

En una ocasión escuché a un reconocido pastor diciendo que el tiempo más difícil de su vida fue cuando tuvo serias dificultades en su matrimonio. Él decía que podía lidiar con problemas fuera de su casa, con el chisme o la difamación en contra suya y también podía batallar con líderes difíciles en el ministerio. Sin embargo, lo que casi lo destruye, fue el tiempo de dificultad que tuvo en su matrimonio.

Durante los doce años que tengo en el ministerio, yo no he experimentado una prueba como la que enfrentó aquel pastor. Mi casa siempre ha sido un oasis en los momentos más difíciles. Por la gracia de Dios, cuando nos encontramos en situaciones difíciles, nos apoyamos mutuamente. Ese profundo sentido de amistad es lo que nos ha ayudado a encontrar ese apoyo mutuo a pesar de las dificultades. Uno de los tiempos de mayor dificultad en nuestro matrimonio ocurrió hace unos años. Un hombre, que pienso tenía malas intenciones, me comentó que Kathy debía sentirse agradecida por tener un esposo como yo. Yo permití que ese comentario entrara a mi corazón y, de alguna manera, comenzó a traer separación entre nosotros. Dejé que se anidara en mí cierta vanagloria y autosuficiencia, y comencé a dejar de apreciar y considerar el valor de Kathy. Eso afectó nuestra amistad. Tuve que arrepentirme de mi egoísmo y volver a darle a Kathy el valor que le corresponde. Para que la amistad funcione debe existir un sentido de agradecimiento por la bendición que es tener este gran amigo cerca en los tiempos de angustia.

Mis responsabilidades ministeriales fuera de la iglesia local han aumentado en los últimos años. Compromisos con Coalición por el Evangelio y con mi propia denominación han permitido que viaje con mayor frecuencia por toda América Latina para hablar en conferencias y publicar mis escritos. Estas actividades me llevaron a pensar en los posibles peligros que mi alma puede experimentar al participar en estas actividades. Uno de ellos es poder hacer del ministerio una de las «vanidades» de las que habla el libro de Eclesiastés. Muchas veces usamos la excusa de que estamos haciendo cosas por el reino de Dios y así creamos nuestro propio reino. Podemos sacrificar cosas de mayor importancia en el altar de nuestro ego. Por eso consideré que no podía sacrificar a mi familia por servir al reino, que debía cuidar, en especial, mi relación con mi esposa. Esa es una de las razones por las que el año 2017 lo nombramos el año de Eclesiastés para la familia Mercado. Sabíamos que iba a tener múltiples compromisos durante el año, así que quería ser intencional en no descuidar mi amistad con mi esposa. Veamos uno de esos pasajes:

> «Vete, come tu pan con gozo, y bebe tu vino con corazón alegre, porque Dios ya ha aprobado tus obras. En todo tiempo sean blancas tus ropas, y que no falte ungüento sobre tu cabeza. Goza

de la vida con la mujer que amas, todos los días de tu vida fugaz que Él te ha dado bajo el sol, todos los días de tu vanidad, porque esta es tu parte en la vida y en el trabajo con que te afanas bajo el sol» (Ecl. 9:7-9).

Estos versículos estuvieron constantemente en mi mente, recordándome que no vale la pena ganar el mundo si al final pierdo lo que más importa. Muchas veces dejamos que otras cosas como la vanidad del trabajo, lograr que nuestros hijos sean atletas, crear una cuenta bancaria abultada o que seamos reconocidos, impidan el poder gozar de las bendiciones sencillas de la vida como gozar de la mujer que amamos todos los días de la vida breve que el Señor nos ha concedido. Desde mi perspectiva, una de las bendiciones que muchas veces no apreciamos es la amistad con la compañía principal que Dios nos ha provisto.

La vida es fugaz, la tenemos hoy y mañana podemos ya no tenerla. Por eso es importante tener una perspectiva bíblica de lo que es realmente importante en esta vida que el Señor nos ha concedido por un breve período de tiempo. Eclesiastés nos muestra que es importante disfrutar de tu matrimonio al final de cada día. El versículo 7 nos muestra cómo el evangelio nos clarifica esta realidad. Nuestras obras ya han sido aprobadas por Dios y la única forma en que nuestras obras son admitidas es porque Cristo murió por nuestros pecados y ahora somos libres para vivir para Dios. Entonces no tengo que buscar validarme al crear para mí un gran nombre porque ya he sido aprobado por la persona más importante del universo, Dios mismo en Su Hijo Jesucristo. Cuando nuestra identidad está en Cristo, podemos estar satisfechos en disfrutar de nuestras esposas, aunque no seamos reconocidos por el mundo o nuestros pares. Que nuestro deseo sea que seamos bien reconocidos en nuestras casas y no fuera de ellas.

Cada año rechazo un buen número de invitaciones ministeriales porque involucran estar fuera de casa por varios días. Aunque mi deseo es poder servir a las iglesias y proclamar el evangelio en donde sea posible, no puedo descuidar aquello que es más importante: disfrutar de la mujer de mi juventud y ser un padre presente con mis hijos. Este principio se aplica en toda esfera. Por ejemplo, podemos ser los mejores en una liga de fútbol en la comunidad, o madres que desean ser reconocidas en la escuela de los niños como las más involucradas. Esas cosas son buenas, pero nunca deben llegar al punto de descuidar lo que es más importante. Tener amistad dentro del matrimonio es de mayor importancia que cualquier meta o sueño que tengamos. Una amistad matrimonial sólida hará que muchos sueños y metas se hagan realidad, pero dentro de los linderos de ser una sola carne delante de Dios. La amistad protege el matrimonio. Debido a que Cristo aprobó nuestras obras, podemos tener matrimonios que disfrutan de la compañía del uno con el otro.

PREGUNTAS DE APLICACIÓN

Identifica cómo es que diferentes entendimientos mundanos de la amistad no te permiten desarrollar una amistad genuina con tu cónyuge. ¿Cómo puede la Biblia ayudarte a apreciar la amistad con tu cónyuge?

Haz una lista de cosas que bendecirían a tu cónyuge y que fomentarían tener una amistad cada vez más profunda.

Piensa en aspectos de tu vida que han afectado el poder cultivar una amistad genuina y profunda en tu matrimonio. ¿Qué pueden hacer para no permitir que estas dificultades continúen afectando el cultivar y profundizar la amistad entre ustedes?

PONER EN PRÁCTICA

- ....
- ....
- ....
- ....
- ....

DÍA 2
Una búsqueda constante

El sexo es la máxima expresión física de la unidad de un matrimonio. Estoy convencido de que el mejor sexo no es el más erótico o apasionado, sino el que refleja la unidad íntima de una pareja. Después de casi dos décadas de casados, puedo dar testimonio de que hemos pasado por diferentes etapas en nuestra vida íntima, momentos en que todo andaba bien y otros en los que ambos experimentamos cierta frustración. No obstante, con el paso del tiempo nuestro convencimiento de que somos uno es más fuerte y creemos con firmeza que viviremos el resto de nuestra vida reflejando esta unidad. Esas convicciones también tienen una fuerte influencia sobre nuestra sexualidad.

Cantar de los Cantares

Hay diferentes formas de ver el libro de Cantar de los Cantares. Algunos teólogos lo ven como una expresión espiritual y simbólica de Cristo y la Iglesia. Yo creo que el mensaje principal es sobre la relación de amor entre un hombre y una mujer que, finalmente, refleja la unión de Cristo y la Iglesia. Uno de los aspectos principales de este libro es la búsqueda de satisfacción mutua en la intimidad de dos personas que se aman. Ambos meditan en la hermosura de su pareja, en anticipación del encuentro íntimo entre ellos. Esta búsqueda del disfrute de la belleza física y de la satisfacción sexual con su cónyuge, es un modelo en tono poético para todos los matrimonios. Los dos miembros de un matrimonio deben anticipar y desear la provisión de Dios para ellos a través de su pareja.

Es común que encontremos satisfacción al enfocarnos en las cosas a las que les dedicamos un mayor tiempo de meditación.

Ya sea un pasatiempo, un oficio o una relación, cuando encontramos satisfacción en algo, pasamos más tiempo disfrutándolo. A esto lo llamamos «fantasear» o «soñar despierto». Son cosas que están en nuestra mente, que nos causan satisfacción o placer al meditarlas y por esa razón podemos pensar en ellas por mucho tiempo. Así también deben estar nuestras esposas y esposos en nuestra mente. Debemos pensar en nuestra pareja, en la satisfacción que nos producen su cuerpo y su belleza. Sé que lo que estoy diciendo podría sonar un poco chocante; el Señor ha aprobado, dentro del pacto del matrimonio, que pensemos en nuestro cónyuge como medio de satisfacción y placer mutuo.

Es importante afirmar que nuestra mente debe estar saturada de meditación en el Señor y Su Palabra o que nuestra mayor satisfacción debe estar en la persona de Dios. Por eso los creyentes debemos meditar en Su belleza, gloria y hermosura (Sal. 29:2). Tenemos que encontrar nuestra satisfacción en Dios por sobre todas las cosas y para eso debemos meditar en Dios mismo. El Señor permite que aquellos que están dentro de un pacto matrimonial puedan obtener satisfacción en sus cónyuges. En Cantar de los Cantares vemos, de forma poética, la anticipación erótica al meditar en un encuentro sexual que es así más deseable. Dios nos creó con deseos sexuales y los casados debemos enfocar esos deseos exclusivamente en nuestros cónyuges. Contamos con la aprobación de Dios al hacerlo. El Señor es glorificado cuando pienso en el disfrute que conseguiremos mi esposa y yo en la intimidad.

Buscarnos

Esta meditación mutua al enfocar los deseos sexuales que experimentaremos con nuestra pareja debe llevarnos a buscarnos con respeto y amor para satisfacer esos deseos. Cultivamos un anhelo sexual que queda restringido a satisfacerlo solo con la persona que Dios ha provisto y con la que hemos sellado el pacto matrimonial. Al cultivar esos deseos separados solo para nuestro cónyuge, estamos glorificando a Dios, sirviendo y honrando a nuestra pareja. Recuerdo los días previos a nuestra boda. Kathy y yo no habíamos tenido relaciones sexuales antes de nuestro matrimonio. Aunque anticipaba la ceremonia y la celebración, en realidad estaba más emocionado y ansioso por llegar a estar a solas con mi flamante esposa en nuestra luna de miel. Debemos cultivar y mantener esa misma anticipación a lo largo de nuestros matrimonios, anhelando la intimidad con nuestra pareja.

Disponibilidad

Algo que es de suma importancia en el matrimonio, es que ambos estemos disponibles para satisfacer los deseos sexuales de nuestro cónyuge. Pablo lo sustenta así:

> «Que el marido cumpla su deber para con su mujer, e igualmente la mujer lo cumpla con el marido. La mujer no tiene autoridad sobre su propio cuerpo, sino el marido. Y asimismo el marido no tiene autoridad sobre su propio cuerpo, sino la mujer. No os privéis el uno del otro, excepto de común acuerdo y por cierto tiempo, para dedicaros a la oración; volved después a juntaros a fin de que Satanás no os tiente por causa de vuestra falta de dominio propio» (1 Cor. 7:3-5).

Es interesante observar que la Biblia ordena que ambos cónyuges cumplan su deber con su pareja. El llamado es a no estar separados por largo tiempo, a menos que sea para buscar a Dios. La falta de intimidad sexual frecuente en el matrimonio es una estrategia de Satanás para afectar su unidad. Se piensa, de manera errada, que el hombre es el que siempre desea tener relaciones, mientras que la mujer solo debe estar disponible siempre. Los hombres tenemos que esforzarnos por erradicar esa idea desacertada al hacer del tiempo de intimidad un momento de disfrute para la esposa que permita que ella también lo anhele con mayor frecuencia. Si vamos solo a satisfacernos sin considerar a nuestras esposas, ellas no tendrán el deseo ni la motivación para anticipar tal encuentro.

El acto sexual es una expresión sublime de amor que debe ser practicado libre de egoísmo, ambos buscando el disfrute del otro, deleitándonos en la intimidad única que no disfrutaremos con nadie más. La mujer debe involucrarse emocional y voluntariamente porque no se trata solo de que ponga su cuerpo como un instrumento silencioso de satisfacción para su esposo. Si seguimos el patrón poético de Cantar de los Cantares, descubriremos que existe un erotismo que ambos cultivan para que en el acto sexual ambos estén involucrados.

El hombre debe ayudar a su mujer para que desee involucrarse por completo en el acto sexual. Kathy no tiene duda de que ella me satisface por completo, que yo sueño con ella y la deseo, que para mí es la más hermosa de todas las mujeres y que disfruto por completo de la intimidad solo con ella. Esa convicción que yo he sembrado de forma permanente desde nuestro primer día juntos, la ayuda a participar de forma activa, entregándonos mutuamente a la intimidad. Mi interés por su disfrute en lugar de solo buscar mi satisfacción es algo que fomenta la unidad, el amor y la disponibilidad de ambos.

El moralismo religioso podría impedir que se hable con libertad de estos temas, y quizás algunos se sientan ofendidos al leer esta sección. Sin embargo, los animo a que estudien Cantar de los Cantares y vean esa meditación de poesía erótica que nos muestra la belleza de desear y anhelar íntimamente al cónyuge. Por ejemplo, y poniéndolo desde un punto de vista negativo, ninguna persona comete adulterio simplemente porque se le abrió de repente una puerta. Siempre hay un tiempo de meditación y anticipación de tener intimidad con la otra persona. Batallemos el adulterio con la meditación adecuada, aquella que es aprobada por Dios y que nos da el anhelo de estar solo con nuestra pareja.

Batallar contra las tendencias que nos impiden buscarnos

Los hombres tendemos a buscar satisfacción sexual fuera del matrimonio. Muchos acuden a la pornografía de Internet para satisfacer ese deseo sexual constante que la mayoría de los hombres experimentan. Es importante que nuestras esposas sepan que Dios diseñó a la mayoría de los hombres con un gran apetito sexual santo, pero que el pecado ha tergiversado. Los hombres debemos cuidarnos de no alejarnos de la búsqueda de nuestras esposas en nuestro deseo por encontrar satisfacción. Por otro lado, también muchas mujeres deben cuidarse de su falta de interés en mantener relaciones con sus esposos. Ellas podrían evitar el contacto sexual porque tienen vidas atareadas, porque están entregadas a la crianza de los hijos y consideran que no tienen el tiempo ni las fuerzas para satisfacer a sus esposos. Ambos cónyuges deben batallar con estas tendencias nocivas particulares a los hombres y las mujeres, cultivando el deseo y la anticipación de estar solo con su pareja.

Ambos: Mostrar iniciativa

Cantar de los Cantares nos muestra que la iniciativa en buscar al otro la toman tanto el hombre como la mujer. Aunque el hombre es el líder del hogar, esto no quiere decir que la mujer no puede mostrar el genuino deseo de disfrutar la intimidad con su esposo. Como pastor he tenido que escuchar a muchos hombres quejarse porque en la mayoría de sus avances sexuales son rechazados por sus esposas. Yo siempre le digo a Kathy que vea mis avances sexuales como algo bueno porque ella es la única fuente de mi satisfacción; que debería preocuparse cuando no la busque porque algo malo debe estar pasando en mi vida. Las mujeres suelen frustrarse producto del gran apetito de algunos hombres, sin embargo, deben ver como algo bueno que su esposo la desee y no como una carga o una tarea adicional que deben cumplir a regañadientes. Ambos deben cultivar juntos el deseo del uno por el otro.

Por otra parte, los hombres debemos cultivar y reconocer como válido el deseo sexual de nuestras esposas. Si mi esposa toma la iniciativa sexual, entonces yo debo estar siempre disponible. Es una bendición para mí cuando soy atractivo para mi esposa y ella me lo comunica. No obstante, no se trata solo de cumplir con el acto sexual, sino que entendamos que las mujeres necesitan romance, unidad, que les dediquemos tiempo y atención preferente. Mostrar iniciativa no es simplemente decirle «vamos a la cama». Por el contrario, es decirle durante el día que la amas y la deseas, que estás pensando en ella, que la encuentras hermosa y única, que ella te satisface y que no hay otra mujer como ella. Es servirla en otras áreas de su vida y amarla de diferentes maneras. De lo que se trata es de que ellas sepan que las amamos profundamente, que nuestra meta no es simplemente acostarnos con ellas, sino dar nuestra vida por ellas. Un hombre que ama a su esposa como Cristo amó a la Iglesia, es un afrodisiaco para una mujer piadosa.

Vidas ocupadas

Quisiéramos vivir nuestra vida como el romance que experimentaban los tórtolos del Cantar de los Cantares, pero la verdad es que nuestra vida está llena de ocupaciones, responsabilidades, actividades y muchas otras cosas que saturan nuestras agendas. Esas múltiples ocupaciones tienden a impedir la búsqueda sexual en el matrimonio. Tenemos tanto en nuestros calendarios, que siempre estamos cansados para poder tener intimidad sexual. Sin embargo, ya hemos visto que la intimidad en el matrimonio debe ser una prioridad para la pareja (1 Cor. 7). Algunos matrimonios pueden ser espontáneos y mantener una vida sexual saludable, pero si la gran mayoría no son intencionales, descuidarán la frecuencia de su intimidad.

Quisiera animarlos a que saquen tiempo para ser intencionales y que no pase mucho tiempo sin tener intimidad. Hay momentos de enfermedad o circunstancias difíciles que no permiten que se tenga intimidad con tanta frecuencia como podría ser en tiempos más normales. Sin embargo, mi recomendación es que haya intencionalidad y comunicación en la búsqueda de la satisfacción mutua. En nuestro caso, tendemos a planificar nuestro tiempo juntos para que no haya ningún inconveniente que lo impida y para que nos preparemos con anticipación para nuestro encuentro.

Estamos reflejando la búsqueda de Cristo por Su iglesia cuando buscamos a nuestro cónyuge. Cristo busca y protege a Su pueblo al amarlo y purificarlo. Esa búsqueda debe animarnos a buscar a nuestro cónyuge para protegerlo y purificarlo.

Busquemos a nuestras parejas de la forma en que Cristo ama a la Iglesia y para la gloria de Dios.

Preguntas de aplicación

Lee varios capítulos de Cantar de los Cantares. Conversa con tu cónyuge sobre la forma en que los esposos se buscan de manera constante en el área de la intimidad sexual.

¿Qué cosas mundanas han influenciado tu visión con respecto a la búsqueda de intimidad con tu pareja?

¿Qué perspectiva bíblica que no habías considerado puede ayudarte a tener un cambio en tu perspectiva?

Toma un tiempo para escribir lo que para ti es romance. Compártelo y compara con tu pareja.

¿Cómo se compara la búsqueda de tu pareja durante los primeros años de matrimonio y noviazgo con el estado actual? ¿Qué pasos pueden tomar para crecer en restaurar lo perdido?

Poner en práctica

- ....
- ....
- ....
- ....
- ....

DÍA 3
Batallar con la lujuria

La lujuria nunca debe perderse de vista en un matrimonio porque puede destruirlo con mucha facilidad. Estamos rodeados por una cultura que se alimenta de una lujuria que no es solo sexual, sino de todo tipo. Nuestra sociedad asocia el éxito con la posibilidad de satisfacer todos tus deseos y ambiciones sin límite alguno. Nuestra sexualidad está constantemente bombardeada con imágenes sexuales que son accesibles de una forma muy fácil. Hay programas de televisión bastante populares que hubieran sido calificados como pornográficos hace treinta años y que hoy son transmitidos sin ninguna restricción. La vestimenta se ha vuelto cada vez más provocativa y basta ver solo un vídeo musical latino o un canal de televisión de nuestra región para que sepamos con exactitud de lo que estamos hablando.

Ya mucho se ha escrito sobre cómo combatir la lujuria sexual. Aunque la gran mayoría de estos escritos se dirigen a los hombres, las mujeres también batallan con la lujuria. Solo tenemos que fijarnos en el éxito de la película *Fifty Shades of Grey* [Cincuenta sombras de Grey] para darnos cuenta de que el problema de la lujuria femenina es real. Sin embargo, aunque se ha comprobado que muchas mujeres observan imágenes pornográficas, en general la lujuria de las mujeres tiene un tono diferente. No siempre batallan con la pornografía cruda y burda, pero sí tienden a soñar y entretener su imaginación con un esposo perfecto que respeta, ama y les da mucha atención.

Medios de gracia

Gran cantidad de los recursos que enfrentan el problema de la lujuria son escritos desde una perspectiva moralista o pragmática. No dicen que debemos dejar de hacerlo porque es malo, y tampoco entregan las herramientas para poder vencer este pecado. Se entregan consejos prácticos para prevenir la caída en la pornografía (como, por ejemplo, instalar algún tipo de *software* en el celular o la computadora, o encontrar un amigo para rendir cuentas con frecuencia), pero no tratan con el corazón. También he leído artículos que invitan a combatir la lujuria y enseñan que, en lugar de poner nuestra satisfacción en el sexo, debemos encontrar nuestra satisfacción en Dios.

Que Cristo sea nuestra porción (Sal. 73:26), aquello que sea nuestra mayor satisfacción, debe ser un concepto que nos debe ayudar en esta lucha. Jesucristo debe llenar y satisfacer nuestra vida por completo. Estar satisfecho en Cristo es el medio principal para crecer en santidad en esta área. Pablo lo explica así: «Pero todos nosotros, con el rostro descubierto, contemplando como en un espejo la gloria del Señor, estamos siendo transformados en la misma imagen de gloria en gloria, como por el Señor, el Espíritu» (2 Cor. 3:18, NBLH). El medio principal por el cual somos transformados es Cristo mismo.

Esto no significa que Dios no nos ha dado medios de gracia que reflejan el evangelio y nos ayudan de manera práctica. Por ejemplo, dentro del matrimonio debemos estar satisfechos en Cristo, pero también Dios nos ha dado a nuestro cónyuge para encontrar satisfacción y como una forma para batallar ese pecado. El deseo sexual no es incorrecto en sí mismo. El problema se da cuando se busca su satisfacción en los lugares incorrectos. Los solteros deben batallar la lujuria sexual al cultivar el deseo y la satisfacción en Cristo. No obstante, para los casados, además de desear a Cristo, también son animados por la Palabra de Dios a enfocar su deseo sexual en su pareja. Quisiera recordarles lo que dijimos en la sección anterior, donde vimos que en Cantar de los Cantares este tipo de relación se da entre un esposo y una esposa y ambos apuntan sus deseos sexuales hacia la pareja dada por Dios. Hay anticipación, hay expectativa y hay emoción. El esposo se deleita en imaginar la hermosura de su esposa y se anticipa a la intimidad con ella. Así lo expresa de manera poética:

> «Tu estatura es semejante a la palmera, y tus pechos, a *sus* racimos. Yo dije: "Subiré a la palmera, asiré de sus frutos. ¡Sean tus pechos como racimos de la vid, el perfume de tu aliento como manzanas, y tu paladar como el mejor vino!"» (Cant. 7:7-9).

Veamos cómo la mujer se emociona de que su esposo enfoque su deseo en ella:

> «Yo soy de mi amado, y su deseo tiende hacia mí» (7:10).

La batalla contra la lujuria se puede ganar al enfocar el deseo sexual sobre nuestra pareja. Las esposas nunca deberían dudar del deseo que sus esposos tienen por ellas. Por el contrario, cuando un esposo se entrega a la pornografía le comunica que no lo satisface su propia esposa. Por eso, más que permitir pensamientos incorrectos en nosotros, es bíblico tornar esos pensamientos sexuales hacia nuestra propia esposa. Cantar de los Cantares nos muestra que, cuando la lujuria ataca, buscamos encontrar satisfacción en Cristo, pero también en nuestra pareja, meditando en su belleza y sus atributos.

Las mujeres deben encontrar satisfacción en que sus esposos las desean, las encuentran hermosas y encuentran satisfacción en ellas. Como ya lo hemos dicho, a veces una religiosidad moralista impide discutir un acercamiento más exhaustivo de la sexualidad en una pareja cristiana. Sin embargo, vemos cómo Pablo enfrenta este problema en Corinto (1 Cor. 7:2-5). Pareciera como si algunos, debido a la gran cantidad de inmoralidad sexual que existía en esa ciudad, decidieron no tener ningún tipo de intimidad, ni siquiera dentro del matrimonio. Pablo les dice:

«No obstante, por razón de las inmoralidades, que cada uno tenga su propia mujer, y cada una tenga su propio marido. Que el marido cumpla su deber para con su mujer, e igualmente la mujer *lo cumpla* con el marido. La mujer no tiene autoridad sobre su propio cuerpo, sino el marido. Y asimismo el marido no tiene autoridad sobre su propio cuerpo, sino la mujer. No os privéis el uno del otro, excepto de común acuerdo *y* por cierto tiempo, para dedicaros a la oración; volved después a juntaros, a fin de que Satanás no os tiente por causa de vuestra falta de dominio propio» (1 Cor. 7:2-5).

Pablo los anima a reflejar el evangelio dentro del matrimonio al expresarlo a través de la unidad de la intimidad sexual en la pareja. Lo repito nuevamente, tanto el esposo como la esposa son medios de gracia para ganar la batalla contra la lujuria.

Encuentra tu satisfacción en el lugar correcto

Esposo, la próxima vez que batalles con la lujuria, te exhorto a que medites en Cristo, Su belleza y Su gloria, y que encuentres tu satisfacción en Él. Pero también medita en tu esposa, encuentra satisfacción en ella. Proverbios dice:

«Bebe agua de tu cisterna y agua fresca de tu pozo. [...] Sea bendita tu fuente, y regocíjate con la mujer de tu juventud, amante cierva y graciosa gacela; que sus senos te satisfagan en todo tiempo, su amor te embriague para siempre» (Prov. 5:15, 18-19).

Al satisfacernos con nuestras esposas estamos reflejando el llamado de mostrar el evangelio en nuestros matrimonios. Las amamos como Cristo amó a la Iglesia y les somos fieles como Cristo es fiel a Su novia. Amadas esposas, gócense cuando sus esposos las desean solo a ustedes y no desean a otra. Esto también es una imagen del amor de Cristo por Su novia.

PREGUNTAS DE APLICACIÓN

¿Has identificado a la lujuria como un área que debes batallar en tu vida? ¿De qué formas batallas contra la lujuria?

¿De qué forma el mundo te ha influenciado en enfocar el deseo sexual en áreas incorrectas? ¿Cómo una visión bíblica sobre el tema puede ayudarte?

Enumera los medios de gracia que te pueden ayudar en la batalla contra la lujuria (satisfacerte en Cristo debe ser el principal).

PONER EN PRÁCTICA

- ....
- ....
- ....
- ....
- ....

DÍA 4
El disfrute del sexo

El matrimonio queda definido para muchos en el acto sexual. Algunos establecen la compatibilidad sexual como el requisito fundamental para casarse. Otros se casan para asegurarse de que tendrán sexo disponible cuando lo deseen. Hay muchas parejas que terminan el matrimonio porque piensan que han perdido la «chispa» durante la intimidad sexual. Hay algunos que entran en relaciones adúlteras porque dicen que no encuentran satisfacción sexual dentro de su propio matrimonio.

Vivimos en una cultura que está hipersexualizada. Desde la revolución sexual de la década de 1960, se ha afirmado en nuestra cultura que uno puede tener sexo con quien desee, cuando lo desee y sin ningún tipo de compromiso ni atadura. Las personas no creen ya en la cosmovisión bíblica que establece que el sexo está restringido para dos personas dentro del pacto del matrimonio. El matrimonio ya no es una institución deseada y menos necesaria porque la convivencia antes de casarse ya es aceptada y hasta aconsejada, también lo es tener sexo antes del matrimonio y aun la relación sexual con personas del mismo sexo. La cultura nos dice que el sexo es casi un derecho inalienable de satisfacción y búsqueda de placer individual.

La Biblia nos presenta una imagen muy diferente. El sexo es un regalo de Dios para el disfrute de una pareja comprometida y para la procreación. Dentro de la cosmovisión bíblica, el sexo no está diseñado para la mera búsqueda de placer egoísta. Esa mentalidad trae serios problemas dentro del matrimonio, en especial cuando los hombres buscan solo satisfacerse y no buscan que sus esposas experimenten placer. Todos los principios de los que hemos hablado hasta ahora se aplican al sexo. Es una forma más de servirnos el uno al otro. Cuando la pareja está teniendo intimidad sexual, ambos deberían estar más interesados en el placer y el bienestar del otro antes que en el placer individual. Durante el acto sexual eres un siervo y no solo un consumidor exigente. Una vez más, en el Cantar de los Cantares observamos, de forma poética, como tanto el hombre como la mujer anhelan la compañía del otro y desean tener intimidad juntos.

El sexo dentro de la protección del pacto matrimonial tiene muchos beneficios. Cuando estamos en una relación que goza de unidad y en la que ambos sabemos que el uno tiene el mayor interés por el otro, este fundamento hace que el sexo sea una expresión de la unidad del matrimonio y no un lugar que intenta resolver u ocultar el resto de los problemas matrimoniales. He escuchado a parejas decir cosas como esta: «Nosotros nos pasamos peleando, yo no confió en él, pero el sexo en nuestro matrimonio es formidable». Si la pareja tiene problemas fuera de la cama, en algún momento esos problemas se van a reflejar en la cama porque el sexo no es un simple acto instintivo, sino la manifestación suprema de la unión de dos personas. Es la expresión física de una realidad espiritual, en la que dos son una sola carne.

Yo puedo asegurarles que el mejor sexo no es el que se hace en una posición complicada, con música romántica de fondo y con velas encendidas. No estoy en contra de todas esas cosas, pero estoy convencido de que el mejor sexo se da cuando una pareja está unida en términos emocionales y confiando plenamente el uno en el otro. Esto se refleja en la ternura que se manifiesta al poder estar juntos, desnudos y sin vergüenza, entregando sus cuerpos mutuamente basados en la confianza de que no importa tanto el desempeño sexual, sino la seguridad de que los dos estarán juntos y amándose al día siguiente y hasta que la muerte los separe. Hay días que podrá ser espectacular e inolvidable. Otros días será olvidable, rutinario o hasta imposible de finalizar. Sin embargo, saber que estamos comprometidos el uno con el otro en amor, hace que cada vez que expresamos nuestra unidad matrimonial en el acto sexual siempre sea especial.

Finalmente, el acto sexual es una expresión de nuestra unidad y servicio mutuo. Mi cuerpo le pertenece a mi esposa y el suyo me pertenece, pero esta pertenencia no lo convierte en una herramienta de manipulación que sea usada para forzar a nuestra pareja. Si el acto sexual es una oportunidad de servicio, entonces debemos considerar los sentimientos y las expectativas de nuestra pareja. Hay ocasiones en que yo puedo estar muy interesado, pero si fue un día difícil para mi esposa, siempre le dejaré saber que mi mayor interés es servirle y que no tendré problemas en esperar a un momento que sea mejor para ella porque estamos comprometidos en unidad. Nuestras parejas no son objetos que simplemente satisfacen nuestros deseos sexuales. Son protagonistas en un acto de mutuo acuerdo, en donde ambos se comprometen en entregar placer al otro.

Dios diseñó el sexo para que los cónyuges disfruten por completo del acto sexual. No obstante, parte del diseño de la sexualidad no solo es la satisfacción y el placer, sino también la procreación. Escuché de una pareja en la que la mujer leía la Biblia cuando tenían sexo para «santificar» el acto. Lo que era evidente es que en ese tipo de relación solo el hombre se satisfacía con ella y no había un acto de placer mutuo. Eso no es lo que vemos ni en Cantar de los Cantares ni en el capítulo 7 de la primera carta de Pablo a los corintios. Mi cuerpo le pertenece a mi esposa para su disfrute, y su cuerpo es para mi disfrute y el disfrute de ambos.

Uno de los errores más comunes que observamos en la Biblia con respecto al trato del cuerpo es el ascetismo. Es la restricción de las bendiciones terrenales para, supuestamente, alcanzar un nivel de santidad mayor. La Biblia condena en repetidas oportunidades esta práctica como carente de beneficios. Pablo dice en su primera carta a Timoteo que había maestros que prohibían casarse con el fin de alcanzar una mayor santidad. Sin embargo, ese pasaje dice que todo lo que Dios creó es bueno y no debe ser rechazado si es que se recibe con acción de gracias (1 Tim. 4). Pablo le dice a los corintios que todo debe hacerse para la gloria de Dios (1 Cor. 10:31). Así que, aun cuando tenemos sexo dentro de los parámetros del matrimonio, lo haremos con acción de gracias a Dios y para Su gloria, y nos deleitaremos profundamente en el regalo de disfrutar la unidad que gozamos como pareja.

Una de las razones para la hermosura del matrimonio es la protección que nos da para practicar el acto sexual con absoluta libertad. Estamos protegidos porque sabemos que nos podemos entregar por completo ya que nuestro cónyuge está comprometido con nosotros y no va a dejar la relación. Estaremos protegidos porque conocemos la salud de nuestro cónyuge y no existirá la posibilidad de contagiarnos con una enfermedad de transmisión sexual. Estaremos protegidos emocionalmente ya que no tendremos la incertidumbre que muchas personas experimentan al tener sexo antes del matrimonio, esto es, el no saber si el novio o la novia va a comprometerse para toda la vida. El diseño de Dios del sexo dentro del matrimonio nos protege y nos permite disfrutar por completo y en libertad de este hermoso regalo diseñado por Dios.

Cuando algunos se me acercan y me mencionan su deseo de ser ancianos en nuestra congregación, yo les comento que me están invitando a explorar cualquier aspecto de sus vidas para determinar si están calificados para el ministerio. Una de las preguntas que hago tiene relación con la frecuencia con la que tienen intimidad con su pareja. Para mí es uno de los indicativos de un matrimonio saludable. Un matrimonio que está unido emocionalmente también lo estará físicamente. Un matrimonio saludable debe gozar de un ritmo saludable y frecuente de intimidad. Pablo expresa este mandato divino de la siguiente manera:

> «No os privéis el uno del otro, excepto de común acuerdo y por cierto tiempo, para dedicaros a la oración; volved después a juntaros a fin de que Satanás no os tiente por causa de vuestra falta de dominio propio» (1 Cor. 7:5).

Tener intimidad protege a los cónyuges de caer en inmoralidad sexual. Todos nuestros deseos sexuales deben ser satisfechos dentro de la protección y bajo los límites del matrimonio. Quisiera aclarar que este mandato no debe ser una excusa para ser perezosos y descuidar el romance de la relación. Los hombres siempre estamos listos para tener relaciones íntimas. Físicamente necesitamos poco estímulo para estar listos. Por el contrario, el mayor afrodisiaco para la mayoría de nuestras esposas es nuestro amor y cuidado no solo durante la relación misma, sino durante el curso de nuestras vidas. Cuando hemos estimulado su corazón, usualmente estarán estimuladas para tener intimidad.

Cuando la pareja tiene problemas de intimidad deben tomar varios pasos para enfrentar el problema. En primer lugar, deben descartar cualquier problema fisiológico. Por ejemplo, hay damas que experimentan dolor durante la relación debido a que sufren de diferentes condiciones que hacen de la relación sexual un acto sumamente incómodo. Esa incomodidad y dolor deben ser atendidos por profesionales de la salud. Sin embargo, si dos adultos saludables están teniendo dificultades en la intimidad, sea que el acto en sí sea de poca satisfacción para ambos, o no tienen deseos de estar juntos, mi consejo es que evalúen si es que están unidos de forma emocional. Muchas veces el problema se presenta porque no son intencionales en sacar tiempo para la intimidad, están más preocupados por atender los niños o el trabajo, y siempre están cansados. Quizás sean conflictos y resentimiento acumulado durante la relación que han endurecido el corazón de ambos. Antes de buscar técnicas sexuales o buscar pasión, los animo a que busquen sanar su matrimonio por medio del evangelio. Que la verdad de la unidad que tienen en Cristo les ayude a construir un matrimonio sano sin resentimientos, y que esta realidad les ayude a estar más unidos como pareja. Esto finalmente se reflejará en la unidad en la intimidad.

El tema del sexo dentro del matrimonio puede ser todo un libro. Lo importante es que más allá de las técnicas para incrementar el placer, la sexualidad es un reflejo de la unidad del matrimonio. Durante el acto sexual se confirma de forma literal que los dos cuerpos se vuelven uno. Así que, el mejor sexo que vamos a experimentar no se consigue solo con la unidad física, sino con la unidad emocional y espiritual. Que la unidad que Pablo describe en su carta a los efesios sea tan evidente en la vida de la pareja que termine reflejándose en vidas sexuales saludables para la gloria de Dios.

PREGUNTAS DE APLICACIÓN

¿Ves el acto sexual como una expresión física de la unidad emocional y espiritual de tu matrimonio? ¿Por qué tener esta visión de unidad en el sexo puede ayudarte a poder disfrutar más el acto sexual?

¿De qué forma el mundo ha puesto expectativas equivocadas sobre el acto sexual? ¿Cuáles serían las expectativas bíblicas del disfrute del acto sexual?

Si el acto sexual dentro del matrimonio debe proveernos un sentimiento de protección, ¿tu pareja se siente protegida durante el momento de intimidad? Si esto no fuera así, ¿por qué no se siente de esta forma? ¿De qué forma pueden crecer en su sentido de protección?

¿Cómo puedes resolver los momentos en que enfrentas problemas de intimidad sexual?

PONER EN PRÁCTICA

- ....
- ....
- ....
- ....
- ....

DÍA 5
La bendición de los hijos

Pocas cosas prácticas en el matrimonio pueden afectar tanto la intimidad del mismo como la crianza de los hijos. Eso es algo que puede separarnos o llevarnos a experimentar una mayor intimidad. Tenemos que recordar que la intimidad no es solo el sexo. La intimidad también es poder compartir con alguien cosas profundas que no compartirías con ningún otro. Pocas cosas son más íntimas que criar hijos en el temor del Señor.

Uno de los problemas principales de la crianza es que se puede convertir en un ídolo inmenso en la vida de los padres. Pocas cosas se comparan con la preciosa sensación de tener un hijo en los brazos luego de su nacimiento. El vínculo de las madres con sus hijos durante el embarazo es una conexión bien profunda. El problema radica en que nuestros hijos se pueden convertir en ídolos que, en lugar de unir al padre y a la madre en la crianza, se vuelven tentaciones para separarlos.

Si los padres no están unidos por convicciones bíblicas con respecto a la dirección de la crianza, esta podría llegar a destrozar el matrimonio. Además, está la tentación de establecer toda nuestra identidad en la crianza y perder de vista la importancia de continuar cultivando la relación como pareja. ¿Cuántas veces hemos visto parejas que cuando experimentan el nido vacío se sienten como dos extraños en una relación? La crianza de los hijos es un aspecto súper importante del matrimonio, pero no lo define. La Palabra de Dios debe ser la que informe acerca del tiempo, los recursos y las energías que debemos dedicar a nuestros hijos.

Moisés nos da una idea de esa responsabilidad en el libro de Deuteronomio:

«Escucha, oh Israel, el Señor es nuestro Dios, el Señor uno es. Amarás al Señor tu Dios con todo tu corazón, con toda tu alma y con toda tu fuerza. Y estas palabras que yo te mando hoy, estarán sobre tu corazón; y diligentemente las enseñarás a tus hijos, y hablarás de ellas cuando te sientes en tu casa y cuando andes por el camino, cuando te acuestes y cuando te levantes» (Deut. 6:4-7).

Nuestra prioridad es amar a Dios y comunicarles este amor a nuestros hijos. La Palabra de Dios debe habitar en nuestros corazones y bajo esa realidad hablarles a nuestros hijos en todo momento. No se tratará de un sermoneo, sino que fluirá de la abundancia de Cristo en nosotros. Los esposos debemos amar a Cristo juntos para que nuestros hijos vean ese amor y esa relación estrecha con el Señor en nosotros.

El problema es que tenemos tantas otras prioridades con respecto a la crianza que se anteponen al hecho de educarlos juntos en el temor de Dios. Pensamos, por ejemplo, que dándoles cosas, permitiéndoles alcanzar sus sueños, involucrándolos en deportes o ayudándolos a tener éxito académico, les estamos dando lo mejor. No obstante, lo que ellos más necesitan es un Salvador, y esta debe ser nuestra prioridad. Yo quisiera que mis hijos puedan alcanzar varios logros en sus vidas, pero me importa poco su éxito en el mundo. Lo que más me importa es su futuro eterno. Escucho a muchos padres inmigrantes decir: «Yo quiero darles lo que no tenía en mi país». Por el contrario, un amigo mío dice: «Démosles lo que tenemos; démosles el evangelio».

Muchas veces invertimos nuestro tiempo y energías en hacer cosas de poca importancia y descuidamos las que realmente importan. Creo que este es uno de los peligros principales en la vida de todas las parejas. Dios nos convoca para que realicemos una tarea de gran importancia: edificar una familia para

Su gloria, pero muchas veces, por diferentes razones, tendemos a poner en un segundo plano nuestro llamado principal: cuidar espiritualmente a nuestra familia.

Una encomienda divina

Mi tentación como pastor podría ser dedicarle más tiempo de lo debido al ministerio y no discipular a mis propios hijos. No dar la prioridad a nuestros hijos y familia nos descalifica para el ministerio. Pablo se lo dice a Timoteo al hablar de los aspirantes al cargo de obispo: «Que gobierne bien su casa, teniendo a sus hijos sujetos con toda dignidad (pues si un hombre no sabe cómo gobernar su propia casa, ¿cómo podrá cuidar de la iglesia de Dios?)» (1 Tim. 3:4-5). Si un pastor deja que su casa se hunda en el caos, no debería gobernar la iglesia. Por el contrario, él debería dedicar su mayor atención a aquello que es mucho más importante. En cierta forma, un pastor que pone a su familia en segundo plano está trayendo oprobio al evangelio. Pablo nos llama a amar a nuestras esposas como Cristo amó la Iglesia (Ef. 5:25), y no a provocar a ira a nuestros hijos (Ef. 6:4). Este comportamiento es correcto y refleja el evangelio. Así como Dios nos ama como un padre, nosotros debemos amar a nuestros hijos de forma sacrificada e intencional.

De primera importancia

Quizás se trata de nuestro deseo de dar lo mejor para Dios o quizás es mero legalismo institucional. También pudiera darse por tendencias pecaminosas en nuestra vida, por el temor a que la gente se vaya de nuestra iglesia o por satisfacer nuestro deseo de ser aceptados. Esto se observa en una persona que trata de alcanzar el éxito corporativo o un emigrante que desea salir adelante. Lo cierto es que podemos olvidar las cosas importantes por querer alcanzar otras cosas. En cualquier caso, hay una tentación común en el ministerio que lleva a pensar que si servimos a Dios, le deberíamos dar todo el tiempo que tenemos.

Hace unos meses estaba en el proceso de reclutar conferencistas para la reunión anual de ReformaDos, un ministerio que presido en Puerto Rico. Contacté a Mike Bullmore, un pastor y amigo, uno de los hombres más piadosos que conozco y un excelente predicador de la Palabra. Me consta que el tema que se iba a exponer en la conferencia era uno de los temas que más le apasiona: Jesús y el evangelio en toda la vida. No solo eso, sino que también Mike huiría del crudo invierno de Wisconsin si aceptaba participar como orador en la fecha propuesta. Después de días de oración, buscar consejo y pensar, me informó con tristeza que no podría aceptar la invitación. La razón era que su hijo estaría en la última temporada del fútbol americano universitario y deseaba poder presenciar la mayoría de los juegos durante su última temporada. Yo hubiera podido pensar: *Mike, ¿cómo vas a sacrificar el servicio a la iglesia por ir a un juego?* Sin embargo, en ese momento, y como padre, pude identificarme por completo con él. Su hijo no tendría razón alguna para dudar del amor de su padre.

Una bendición de lo alto

Una de las tentaciones más comunes es el temor. El temor puede controlar nuestras decisiones como padres y llevarnos a perder la unión como pareja. El temor a que mi hijo se pierda, a que no logre éxito en la vida, a que quede marcado para siempre con alguna experiencia negativa y tantas otras cosas que nos causan temor. Sin embargo, nunca debemos dejar que el temor nos impulse o paralice, pues el temor es incredulidad. Debemos encontrar convicciones bíblicas que nos lleven a prácticas que reflejen el evangelio en la vida de nuestros hijos.

Moisés hizo un llamado a pasar el significado y la práctica de la pascua de generación en generación (Ex. 12–13). Este es un llamado eterno que, en el nuevo pacto, se refleja al momento de darle prioridad a la vida de la iglesia en nuestra familia. Entonces, no debemos tener miedo de restringir actividades en la vida de nuestros hijos que interfieran con la iglesia. Esto lo hacemos porque tenemos convicciones bíblicas de que la vida de la iglesia es de mayor importancia y de un enorme beneficio para nuestros hijos.

Criar a nuestros hijos en temor nos puede llevar a no poder disfrutar la bendición que son ellos. El salmista dice que los hijos son un regalo de Dios mismo (Sal. 127). Podríamos ser dominados por el temor y olvidar disfrutar a nuestros hijos durante la crianza. Ellos pueden percibir si es que los estamos viendo como una bendición o como una carga. No obstante, lo que debemos tener claro es que el evangelio nos muestra nuestra crianza. Nuestros hijos deben saber que no hay nada que ellos puedan hacer que haga cambiar nuestra disposición hacia ellos. Siempre los amaremos. Pueden descalificarnos del ministerio, pueden avergonzarnos, pueden sacarnos canas o dejarnos sin cabellos, pero siempre deben saber y sentir que los amamos. Ese es el efecto más glorioso del evangelio en la crianza.

Hijos para la gloria de Dios

Una amiga, hija de pastor, una vez nos contó una historia. Su papá comenzó en el ministerio cuando ella tenía 17 años, así que no llegó a experimentar la niñez como hija de pastor. En un retiro de familias pastorales, algunos hijos subieron a la tarima y uno a uno fueron compartiendo lo heridos que estaban debido a que sus papás habían puesto el ministerio por encima de ellos. Yo le reitero esa historia con frecuencia a mi esposa. Le digo que mi intención es que mis hijos sepan que son una prioridad para mí. Que espero no darles razones para que suban a una tarima y digan entre lágrimas que nunca los amamos. Si ellos deciden no servir al Señor, podremos tener la conciencia tranquila y decir: «Hice lo mejor que pude. No lo digo para sentirme tranquilo, sino porque realmente hice mi mayor esfuerzo y traté de glorificar a Dios».

He escuchado a muchos referirse al tiempo de crianza de sus hijos como el más difícil de toda su vida. Sin embargo, el hecho de que sea difícil no significa que sea malo; es bueno cuando las cosas se complican porque nos llevan a depender más de Dios. Debemos ir diariamente al Señor a clamar por Su ayuda para enfrentar esta tarea tan hermosa que nos ha dado, no solo de pastorear, sino de criar a nuestros hijos para Su gloria. Él puede glorificarse salvándolos en Su providencia y, en Su gracia, Él puede usarnos en ese proceso.

Que juntos como pareja encontremos unidad y fortaleza para enfrentar la importante tarea de criar a nuestros hijos. Que veamos que son una bendición de Dios y que podamos darles lo más importante: el evangelio. Que se los enseñemos y que lo modelemos, para juntos levantar por Su gracia una familia que glorifica a Dios.

Preguntas de aplicación

¿La crianza de los hijos ha sido algo que ha unido o ha separado tu matrimonio? ¿De qué maneras la crianza ha afectado la unidad matrimonial?

¿Son ambos conscientes de que la responsabilidad hacia su cónyuge es primordial sobre la responsabilidad hacia los hijos? ¿Qué dice la Biblia al respecto?

¿Por qué una verdadera unidad matrimonial beneficia a los hijos?

Poner en práctica

- -..
- -..
- -..
- -..
- -..

DÍA 6
Recordar el evangelio

Al momento de escribir este libro tengo 44 años. Aunque me mantengo en una buena condición física debido a mis entrenamientos en carreras de largas distancias, he notado que mi mente está mostrando más síntomas de mi edad que mi cuerpo. Las cosas se me olvidan más a menudo. Por eso dependo más de mi calendario electrónico, del celular y de otros medios para recordar cosas importantes. No quisiera olvidar mis responsabilidades pastorales, especialmente las citas de consejería o los compromisos con miembros de la congregación. Como esposo, y por mi bien, no quiero olvidar la fecha de mi aniversario de bodas ni el día del cumpleaños de mi esposa. Necesito de cierta ayuda externa para recordar porque ya no puedo depender solo de mi memoria.

Así como necesito de ayuda para recordar aquello que es de mayor importancia en mi vida diaria, también necesito ayuda para recordar el evangelio. La Biblia nos dice claramente que tenemos la tendencia a olvidar. Somos pecadores que tendemos a olvidar con rapidez la salvación cuando las cosas se ponen un poco difíciles y terminamos siempre quejándonos. Vemos esto claramente en el libro de Éxodo, cuando el pueblo de Israel vio el mar Rojo y olvidaron la salvación que Dios había dado; cuando no tuvieron agua, olvidaron la salvación que Dios había alcanzado a su favor, y cuando su líder, Moisés, se fue por unos días, olvidaron la salvación que Dios había permitido que gocen (Ex. 32). El salmista nos dice claramente que el problema fue que olvidaron que Dios los había salvado.

«Hicieron un becerro en Horeb,
y adoraron una imagen de fundición;
cambiaron su gloria

por la imagen de un buey que come hierba.
Se olvidaron de Dios su Salvador,
que había hecho grandes cosas en Egipto»
(Sal. 106:19-21).

¿Pueden percibir lo que sucedió? Ellos olvidaron que Dios es su Salvador y adoraron a otros dioses para encontrar la seguridad que solo el Señor podía brindarles. El libro de Hebreos nos muestra el peligro de endurecer nuestros corazones al olvidar la salvación que Dios nos ha dado y terminar negando nuestra fe. Una de las formas en que el libro de Hebreos nos ayuda para no olvidar la salvación que Dios nos ha dado es animándonos los unos a los otros.

«Tened cuidado, hermanos, no sea que en alguno de vosotros haya un corazón malo de incredulidad, para apartarse del Dios vivo. Antes exhortaos los unos a los otros cada día, mientras *todavía* se dice: Hoy; no sea que alguno de vosotros sea endurecido por el engaño del pecado. Porque somos hechos partícipes de Cristo, si es que retenemos firme hasta el fin el principio de nuestra seguridad, en cuanto se dice: Si oís hoy su voz, no endurezcáis vuestros corazones, como en la provocación» (Heb. 3:12-15).

Para no endurecernos, tenemos relaciones dentro del pacto que nos animan a continuar firmes en la fe, a mirar a Jesús, el autor y consumador de la fe. Solamente mirando a Jesús, nuestros afectos por Él serán estimulados y continuaremos caminando en la fe.

Tú me preguntarás: «¿Qué tiene esto que ver con la intimidad en el matrimonio?». Una de las formas en que los matrimonios cultivan intimidad y cercanía es recordándose el evangelio el uno al otro. Mi unión con Kathy es más cercana que con cualquier otro ser humano en este planeta. Hicimos un pacto frente a Dios de ser una sola carne. Esa unidad, al tener intimidad física el uno con el otro y no con ningún otro ser humano, nos da una cercanía que no podemos experimentar con nadie más. Sin embargo, si dejamos de compartir la realidad de que somos uno en Cristo, nuestra unidad matrimonial estaría incompleta y en camino al fracaso. La verdad de que el evangelio de la gracia nos hace parte del cuerpo de Cristo, hace que nuestra unidad sea algo mucho más profundo. Por eso es que una parte esencial de nuestra intimidad es recordarnos la realidad de que Cristo murió por nuestros pecados y también recordar que estamos más unidos como matrimonio porque estamos unidos a Cristo.

En momentos en los que nuestra fe tambalea, cuando estamos sufriendo, cuando nuestras emociones no desean cooperar, cuando estamos siendo acusados injustamente, necesitamos recordarnos mutuamente el evangelio. Cuando estamos en conflicto como matrimonio necesitamos recordar el evangelio. Hay muchas formas en las que podemos recordar el evangelio. Por ejemplo, podemos estudiar la Palabra, podemos escuchar alabanzas como las de Sovereign Grace Music o la IBI. Podemos escuchar un sermón que aliente nuestros corazones. Sin embargo, una de mis formas favoritas de recordar el evangelio es pidiéndole a Kathy que me lo recuerde. Cuando estoy desanimado le digo: «Predícame la verdad; recuérdame el evangelio». Nadie puede recordarme esa verdad como ella porque somos uno. Su amor por mí, su compromiso por nuestra unidad hace que sus palabras sean más dulces y edificantes que las de cualquier otra persona.

Una de las prácticas más antiguas que tenemos como matrimonio es recordarnos el evangelio luego de un conflicto. No importa si el problema fue grande o pequeño, en cuanto hemos terminado, tiendo a decirle a Kathy: «Recuerda que Jesús murió por nuestros pecados y por eso tenemos esperanza para nuestro futuro». Hace unos años olvide hacer esto luego de varios conflictos con Kathy. Quizás porque tenía prisa o por pereza, no le recordé el evangelio a Kathy luego de nuestros conflictos. Kathy me dijo sollozando: «Necesito que me des esperanza, sino terminaré muy abrumada por mi pecado». Mi esposa piadosa me recordó la realidad de que sin la verdad del evangelio no tenemos esperanza. Ningún método de mejoramiento personal nos puede dar la esperanza que nos da la realidad de que nuestros pecados no son más contados en contra nuestra. La idea de escribir este capítulo en el libro fue de Kathy, ella me dijo: «Termina el libro recordándonos el evangelio».

Kathy es mucho más piadosa que yo, y por eso para ella es muy duro descubrir que ha pecado contra mí. Ella me ama tan profundamente que su alma se carga al saber que ha fallado una vez más contra su esposo. Por eso necesita recordar el evangelio, porque sin la esperanza del evangelio, su corazón podría endurecerse. El desánimo de volver a pecar la llevaría a pensar que ella no debería ser una creyente. Por otra parte, yo lucho con lo contrario, yo puedo pensar que soy un súper esposo, pero tengo que traer a la memoria el evangelio para recodar que soy un pecador que solo por Su gracia puedo servir a Dios y a mi familia.

Cada año leo el capítulo 3 del libro de Jerry Bridges, *La disciplina de la gracia*. Allí invita a los lectores a predicarse el evangelio diariamente. Esta práctica no es solo necesaria en la vida del individuo, sino que es necesaria en la vida de todo matrimonio. Es lo único que da esperanza a dos pecadores que habitan juntos para que puedan vivir para la gloria de Dios.

Así que, por el bien de nuestros matrimonios, para experimentar intimidad, para no guardar resentimiento, para poder gozar de nuestra compañía, recordemos constantemente el evangelio. Recordar lo que Jesucristo ha hecho de manera perfecta por nosotros nos dará amor, misericordia, paciencia y gozo que serán el fundamento renovado para un matrimonio que está fundamentado en la unidad que tenemos en Cristo. Ningún matrimonio es perfecto, pero podemos confiar en un Salvador perfecto que nos da la gracia para disfrutar de matrimonios extraordinarios para Su gloria.

Preguntas de aplicación

¿Por qué es necesario recordar el evangelio diariamente para tu vida y la vida de tu matrimonio?

Enumera algunas formas prácticas de realizar esta disciplina bíblica.

¿Por qué es importante recordarnos el evangelio en medio de los conflictos?

¿Cómo nos puede ayudar en nuestro matrimonio recordar la obra de Cristo a nuestro favor?

Poner en práctica

- ....
- ....
- ....
- ....
- ....

DÍA 7
Reflexión al final de la semana: ¿satisfechos el uno con el otro?

La intimidad y la satisfacción están bastante relacionadas. Para tener una intimidad real y profunda con alguien, esa persona debe estar satisfecha o contenta con la otra persona. Otro concepto que podríamos usar es el del deleite, deseo tener intimidad profunda con mi esposa, Kathy, porque me deleito en ella. Me siento satisfecho en la provisión de Dios para mi vida que ella representa. Como ya lo he reiterado en varias oportunidades, cuando hablo de intimidad no hablo solo del aspecto sexual, pero sí de tener una relación de cercanía en todos los aspectos de la vida.

Hay algunas noches en las que estoy realmente cansado y listo para dormir, y es en ese momento cuando Kathy me quiere hablar de algunos temas pendientes. Creo que una de las razones por las que en esos instantes estoy dispuesto y puedo escucharla es porque me deleito en ella. Escucharla no es una carga para mí, sino que es un gozo porque lo que es importante para ella es también importante para mí. Porque me deleito en ella deseo conocerla más profundamente y, por consiguiente, me importa cada aspecto de su vida.

Para deleitarnos, satisfacernos o estar contentos con la provisión de Dios, debemos meditar en su valor. Una de las cosas a la que dedico tiempo para meditar a diario es en el regalo de Dios que Kathy es para mí. Pienso en lo mucho que se esfuerza para educar a los niños, en su ternura para con ellos, en su esfuerzo para cuidarse físicamente y agradarme, en las horas que pasa estudiando la Palabra, en lo mucho que me atrae físicamente. Me deleito en sus atributos y eso me motiva a conocerla más profundamente para deleitarme aún más en ella.

Tú me podrías decir: «Parece que es fácil deleitarse en tu esposa porque la describes como si fuera perfecta». La realidad es que ella es una pecadora que necesita de un Salvador y tiene áreas en las que necesita crecer. Por la gracia de Dios, he tomado la decisión de enfocarme en donde Dios le ha dado fortalezas para deleitarme en ella y eso me anima a tener mayor intimidad con ella. Nadie desea tener intimidad con alguien a quien solo le ve sus defectos.

Finalmente, para deleitarnos en nuestros cónyuges tenemos que deleitarnos en aquello que es lo único que satisface. Cuando estamos satisfechos en Cristo no tenemos la necesidad de poner nuestra valía en que nuestro cónyuge sea perfecto y así podemos celebrar la gracia de Dios en ellos.

Jesús nos exhorta de la siguiente manera:

> «Y en el último día, el gran *día* de la fiesta, Jesús puesto en pie, exclamó en alta voz, diciendo: Si alguno tiene sed, que venga a mí y beba. El que cree en mí, como ha dicho la Escritura: "De lo más profundo de su ser brotarán ríos de agua viva"» (Juan 7:37-38).

Jesús es el agua que nos sacia por completo. Jesús es la roca que les provee agua en el desierto, pero más importante aún es el hecho de que Él es el agua espiritual que los acompañó para que pudieran estar contentos: «Y todos bebieron la misma bebida espiritual, porque bebían de una roca espiritual que los seguía; y la roca era Cristo» (1 Cor. 10:4).

Cuando aprendemos a satisfacernos en aquello que nos satisface por completo, podemos aprender a satisfacernos en lo que Él nos ha provisto. Aparte de nuestra salvación, ¡qué mayor provisión para nosotros que la de un esposo o una esposa! De la misma forma que Adán celebró en el Edén la provisión de Eva, debemos también celebrar la provisión de nuestra compañía que nos ha sido dada por Dios de forma providencial.

Así como Dios ha provisto de agua espiritual en Cristo, también nos ha provisto de agua para satisfacernos en nuestros matrimonios:

> «Bebe agua de tu cisterna
> y agua fresca de tu pozo.
> ¿Se derramarán por fuera tus manantiales,
> *tus* arroyos de aguas por las calles?
> Sean para ti solo,
> y no para los extraños contigo.
> Sea bendita tu fuente,
> y regocíjate con la mujer de tu juventud,
> amante cierva y graciosa gacela;
> que sus senos te satisfagan en todo tiempo,
> su amor te embriague para siempre»
> (Prov. 5:15-19).

Bebamos de la fuente que Dios nos ha provisto en nuestros cónyuges para estar satisfechos y no tener que saciarnos en otros lugares. Tengamos intimidad emocional, espiritual y física, y seamos agradecidos de las evidencias de gracia en sus vidas para gloria de Dios.

Preguntas de aplicación

¿Tiendes a prestarle mayor atención a las áreas de debilidad o de fortaleza en tu pareja?

Medita y compártele a tu cónyuge cinco áreas de fortaleza en su vida:

1.

2.

3.

4.

5.

Haz una lista de las cosas que, al parecer, te impiden encontrar satisfacción en tu esposa. Arrepiéntete de esos ídolos y busca satisfacerte en la provisión de Dios para tu vida.

Poner en práctica

- ....
- ....
- ....
- ....
- ....

Conclusión

Anoche fui al mercado con una lista de mandados que me encargó Kathy. Mientras nuestra hija practicaba gimnasia, yo pasé un momento a comprar los víveres que necesitábamos. Cuando llegué a casa me percaté que dejé olvidado un galón de leche en el estacionamiento. Les comparto esta anécdota porque nuestras reacciones a situaciones tan cotidianas como esta muchas veces son las que destruyen un matrimonio. Una situación similar hubiera terminado en tragedia al comienzo de nuestro matrimonio. Yo me hubiera puesto a la defensiva y tan pronto como Kathy se hubiera dado cuenta de que la leche no llegó, ella hubiera lanzado algún comentario para dejar en claro que es mi culpa. También hubiera criticado mi tendencia a hacer las cosas rápido y sin pensarlas. Es verdad que puedo hacer las cosas con rapidez, pero muchas veces a costa de olvidar detalles.

La forma en que enfrentamos hoy esta pequeña situación es un reflejo de años de aplicar el evangelio en nuestra vida. Yo ya no tuve que ocultar lo sucedido ni sentir algo de temor o vergüenza al decirle a Kathy que dejé olvidada la leche. Sé que no soy perfecto, el evangelio me lo ha dado a conocer con absoluta claridad. Kathy no dijo nada negativo, su único comentario fue: «Esas cosas pasan; luego compramos la leche, gracias por tu esfuerzo». Aunque parezca algo trivial, yo pude ver el evangelio operando en esa sencilla interacción. La falta de temor, la falta de juicio, la misericordia en el comentario, el hecho de reconocer que le puede suceder a cualquiera son evidencias prácticas de la encarnación del evangelio en nuestro día a día. Nuestro cambio de actitud no sucedió por casualidad, en realidad es fruto de la meditación constante en la gracia de Dios en la vida de cada uno de nosotros. Ahora se ve reflejado en cómo nos relacionamos y el Señor se lleva la gloria.

Quiero decirte que no siempre actuamos así. Nos tomó años poder cambiar de dirección luego de descubrir la gracia de Dios para nuestro matrimonio. Dejar de criticar con juicio, mantener silencio cuando el comentario no es de provecho, pasar por alto las faltas del otro requirieron de mucha práctica y disposición a vivir el evangelio en nuestra vida. Fueron años de entrenarnos y predicarnos el evangelio en nuestra relación. Debimos esforzarnos para no estar viendo las fallas de los demás y siempre sentir la obligación de corregir con dureza, y para poder extender gracia en medio de debilidades. Fueron años de volver la mirada a Cristo y satisfacernos en Él para poder ver la bendición de tenernos el uno al otro.

Puedo identificarme con algunos que piensan que es imposible restaurar su matrimonio. Puedes verte tentado a pensar que los corazones están muy fríos, que ya se han hecho cosas que no pueden ser reparadas, que se han ofendido demasiado como para recibir perdón. Puedo entender tu reacción, pero admitirlo sería anular el poder del evangelio para restaurar lo que ya los humanos han dado por perdido. Cristo no vino solo para evitar que algunas personas se fueran al infierno. Parte de Su misión fue darle marcha atrás a los efectos de la caída en los seres humanos hasta que Él vuelva y todo sea restaurado. Una de las formas en las que el evangelio restaura en el presente es permitiendo que las relaciones rotas puedan ser restauradas. Te puedo decir de todo corazón que si no creyera esto, pues no sería pastor. Dios, por medio del evangelio, puede aplicar Su poder en nuestra vida para que podamos perdonar de la misma forma que hemos sido perdonados.

Te animo a que tomes pequeños pasos de fe para moverte en dirección a tu cónyuge. Quizás hoy no puedes visualizar largas caminatas románticas y mucha risa entre ustedes. Es posible que eso tarde en llegar, pero sí te puedo decir que Dios da la gracia diaria para que puedas amar a tu cónyuge y puedas glorificar a Dios. Algunos de ustedes podrán experimentar mayor unidad en sus matrimonios. Algunos quizás tengan un cónyuge que no quiere cooperar en el proceso de sanidad. Sin embargo, animo a todos a que puedan experimentar la gracia sustentadora y poderosa de Cristo. No se trata solo de lo que podamos hacer con nuestro matrimonio, sino de lo que Cristo puede hacer a través de nosotros para transformar nuestro matrimonio para Su propia gloria. Si al final de este libro, tu matrimonio todavía sigue igual, pero ya tienes una mayor visión de Cristo y Su gracia para con tu vida, entonces valió la pena y vamos por buen camino. No lo olvides, si tienes a Cristo, ya lo tienes todo.

Notas

NOTAS

Notas

NOTAS

Notas

NOTAS

NOTAS

Notas

NOTAS

NOTAS

NOTAS

NOTAS

Notas